民革前辈纪念场馆系列丛书

孙越崎  与 绍兴纪念馆

民革中央宣传部 编

团结出版社

图书在版编目（CIP）数据

孙越崎与绍兴纪念馆 / 民革中央宣传部编 . -- 北京：
团结出版社 , 2023.10
ISBN 978-7-5234-0472-0

Ⅰ . ①孙… Ⅱ . ①民… Ⅲ . ①孙越崎（1893-1995）
–纪念文集 Ⅳ . ① K826.14-53

中国国家版本馆 CIP 数据核字（2023）第 192314 号

出　版：团结出版社
　　　　（北京市东城区东皇城根南街 84 号　邮编：100006）
电　话：（010）65228880　65244790（出版社）
　　　　（010）65238766　85113874　65133603（发行部）
　　　　（010）65133603（邮购）
网　址：http://www.tjpress.com
E-mail：zb65244790@vip.163.com
　　　　tjcbsfxb@163.com（发行部邮购）
经　销：全国新华书店
印　装：三河市东方印刷有限公司

开　本：170mm×240mm　16 开
印　张：12
字　数：169 千字
版　次：2023 年 10 月　第 1 版
印　次：2023 年 10 月　第 1 次印刷

书　号：978-7-5234-0472-0
定　价：48.00 元

丛书编委会

名誉顾问： 万鄂湘

总 顾 问： 郑建邦　何报翔

顾　　问： 李惠东　谷振春　陈星莺

主　　编： 刘良翠　邵丹峰

执行主编： 刘则永

执行编辑： 金绮寅

序

万鄂湘

　　"民革前辈纪念场馆系列丛书"即将陆续出版，这是民革自身建设中一件很有意义的事。

　　首先，它开辟了民革党史宣传的新途径，为民革党史宣传提供了新的资料和素材。顾名思义，"民革前辈纪念场馆系列丛书"由与民革前辈纪念场馆内容有关的一系列图书组成。这里的"民革前辈"，包含了民革60多年历史中，为民革的创立、发展，为民革在新民主主义革命和社会主义革命、建设、改革开放作出独特贡献的过程中发挥重大作用和影响的民革老一辈领导人和著名人士。他们有的早年就为孙中山先生的理想和精神所感召，追随中山先生为推翻专制、建立共和而忘我奋斗；有的在中国共产党领导下，为国家独立解放和中华民族伟大复兴事业，作出了历史贡献。其人其事，足以彪炳史册，其精神风采，足以为后人楷模。

　　民革前辈纪念场馆是民革前辈一生事迹的实物见证，是宝贵的政治资源、文化遗产，是传承爱国主义精神、宣传多党合作的重要载体，是联结海峡两岸、全球华人的精神纽带。为了更好地推动民革前辈纪念场馆之间的交流，推动纪念场馆保护利用不断深入，2011年10月，民革前辈纪念场馆联谊会在朱学范主席的家乡上海市枫泾古镇成立。此后，民革中央提出了编辑出版"民革前辈纪念场馆系列丛书"的设想，相关部门着手拟定编写方案、申请出版资金、物色合适的作者。丛书的编写工作逐步展开，拟把众多民革前辈中有一定社会影响、其故居等纪念场馆又保存较为完好、社会影响较大的编辑成书，呈现给广大的读者特别是广大民革党员干部，提供一本特色明显的民革党史、多党合作历史学习读物。

其次，它创造了民革党史宣传的新形式，集人物传记、故居介绍及相关文章于一体，内涵丰富、文笔生动、图文并茂，便于广大读者接受。近年来，民革中央先后编辑出版了《中国国民党革命委员会60年》《民革领导人传》《民革与新中国的建立》《民革前辈与辛亥革命》等党史图书。本丛书与此前党史图书的不同之处，在于其将人物传记、故居介绍及相关文章有机地融为一体，形式别具一格，并配有大量的图片，合乎新形势下读者的阅读习惯和心理，体现了与时俱进的时代特色。

再次，它从一个侧面宣传了多党合作的必然性、独创性和优越性。本丛书注重描述民革前辈及纪念场馆与民革历史、多党合作历史有关的内容，选择了已发表的相关文章，互相呼应，从不同角度、侧面展现了民革、多党合作的发展轨迹，角度独到，立意深远。

中国共产党第十八次全国代表大会胜利召开，为全国各族人民指明了前进的方向，吹响了民族伟大复兴的集结号。2013年，习近平总书记在主持中共中央政治局第七次集体学习时强调，历史是最好的教科书。学习党史、国史，是坚持和发展中国特色社会主义、把党和国家各项事业继续推向前进的必修课。希望本丛书的出版，能够起到宣传民革前辈爱国革命事迹、弘扬民族精神、引导包括民革党员干部在内的最大多数的群众共同致力于中华民族伟大复兴的中国梦的作用。也希望广大民革党员干部以习近平总书记的重要讲话精神为指导，静下来多读些书，下一番功夫，学好民革历史，学好中共党史，学好国史，不断增强自己的个人学养，增强对中国特色社会主义的道路自信、理论自信、制度自信。

2013 年 6 月

（作者系全国人大常委会副委员长、民革中央主席）

目 录
CONTENTS

孙越崎传略

越崎

李瑞琼题

第一章　出身会稽　耕读世家

绍兴市区往南30多公里，有一个竹林茂密的同康村，清末时隶属于绍兴府会稽县稽东镇（今属绍兴市柯桥区平水镇）。1893年10月16日，孙越崎出生在村中一户殷实的农民家里。

孙越崎祖父名孙纯和，粗识文字，家有数百亩竹林山林。父亲名孙延昌，字燕堂，又名孙绳武。孙延昌有个弟弟，即孙越崎叔叔，名孙延渭，字翼庭。孙延昌自幼聪慧，读书上进，还练得一手好字，他先读"四书五经"，后孙纯和又请学问更高的

孙越崎父亲孙延昌（1873—1942）

老师教他写文章，孙延昌的学问和见识与日俱增。1894年，孙延昌乡试考中秀才，成为村里唯一的秀才。

孙延昌为人正直，处事果断，乐于助人，接受新思想，经常替乡邻调解纠纷，答疑解惑，口碑相传，逐渐成为周边数十里很有威信的开明士绅。而孙纯和却认为孙延昌经常出去为他人帮忙，自家的农事就做得少了，是不务正业，较为不满。

1893年初，孙延昌娶了山阴县方泉村（今属越城区鉴湖镇）方氏为妻，是年10月生下长子孙越崎，两年后又生一女，不幸夭折。再两年方氏生下次子孙毓麟（即孙英坡）月余后，便病逝了。1902年，孙延昌续弦娶章氏，陆续又生下三子，分别取名为毓驯、毓骥和毓驷。孙英坡是新中国成立前当时颇具影响力的民族资本家之一，创办的

"福兴面粉厂"是当时北平城内规模最大、设备最好的面粉厂。孙英坡二子为孙孚凌,是中国现代民族工商业者的优秀代表,是中华全国工商业联合会的杰出领导人,曾担任第八、九届全国政协副主席。

1904年,因与父亲观念出现分歧,31岁的孙延昌离家独自北上,又过了两年,孙延昌陪送远亲之子到黑龙江谋差。是年,孙延昌始供职于齐齐哈尔黑龙江行省公署。1913年,孙延昌因工作勤勉,才干出众,文、字俱佳,得上级赏识,被调至呼玛厅设治局公署任设治员。1914年1月,呼玛厅设治局升呼玛县,孙延昌升任为代理县知事,次年任首任县知事。在呼玛任职期间孙延昌一直使用"孙绳武"这个名字和印信。其时,黑龙江当地的最高行政长官为朱庆澜,原籍绍兴。此人后来担任过东北抗日义勇军总司令,是《义勇军进行曲》的命

朱庆澜督治黑龙江时的戎装照

名人。

据呼玛县政府官网介绍："孙绳武在呼玛任职从政六年间，正值呼玛建县初期。审时度势，恪尽职守，实业兴边，志在必成，谋划并实施延揽人才，招商引资，放荒占垦，办矿兴农，迁建县治，创办邮电，发展教育，整饬金融等项政略举措，是一位在呼玛发展史上颇有作为和建树的县吏，成为呼玛县近代工农业文明的开拓者和建治兴边的奠基人。"

1918年，孙延昌因厌恶官场不良风气而弃官从商，次年，与人合伙创办经营逢源金矿，自任董事长，专事黄金矿业，后迁居至哈尔滨。他先后在东北各地兴办房地产业、面粉磨坊、油坊、果园等，还投资其他领域，均有所获，逐渐成为哈尔滨知名富商。1935年孙延昌定居至北平，1942年病故。

第二章　激荡时代　爱国学子

　　孙越崎为孙绳武长子，6岁入读私塾时取名孙世桀，祖父请了先生来家里教书。13岁时他给远在黑龙江的父亲写信，盼能去山外读书，但祖父希望长孙能留下继承家业。孙延昌回信让他服从祖父安排，孙越崎只得在家务农。1908年秋，祖父病逝，孙越崎在父亲和叔父孙翼庭的支持下，于1909年第一次走出大山，走进绍兴城，并考入民国时期教育界名人杜海生1909年创办的山会初级师范学堂（即今天的绍兴文理学院），孙延昌为其更名"孙毓麒"，意为为国建功、名垂青史。

　　16岁的孙越崎，在班上年龄最大，却不识钟表，不懂"星期"，衣着旧式土气，常被同学取笑，全班62人，期末成绩张榜出来，他排在第61名。到了暑假，他在家发奋苦读，研习各门功课，特别是父亲留下的南宋吕祖谦所著《东莱博议》。这是吕祖谦在读《左传》时对其中的

山会初级师范学堂（今绍兴文理学院）

人物或事件所发表的议论，后人多以此为学习写作的教科书。开学老师布置的第一篇作文是《特立与独行》，他随手加了副标题"茑萝与乔松"，文章一气呵成，大意为：茑萝美丽，婀娜多姿，但须攀附乔木，乔松粗糙，却挺拔独立，直上天空，我们要做乔松，不当茑萝。班上是按得分顺序发作业，这次老师第一个点了"孙毓麒"，全班同学都惊讶了。老师给的评语是："才大气大，文亦足以举之，孙郎的确不凡，孙郎其勉之。"由于学习刻苦，此后他的成绩一直位居前列。

1911年10月，辛亥革命爆发，孙越崎剪掉了辫子。年底，孙越崎从山会初级师范学堂毕业。按照当时政府对师范学校毕业生的规定，他在绍兴城内的县立第二小学义务任教一年。次年年底，19岁的孙越崎与17岁女子柳坞村（现属诸暨市枫桥镇）的葛采湘（1895—1922）结婚，这是当年父亲指腹为婚的包办婚姻，两人婚前从未见过。女方缠足，文化水平较低，不漂亮，但其性格落落大方，毫不扭捏，孙越崎喜欢这种性格，两人感情非常融洽。

1913年初春，新婚不久的孙越崎得妻子支持，去上海求学，考入复旦公学（中学）。复旦公学1905年建立，至1917年升格为复旦大学。

复旦公学大部分课程用英语讲授，孙越崎此前没学过英语。他暑假住到一座岛中的小庙里，忍受酷暑与蚊虫叮咬，刻苦学习，英语成绩大为提高。

复旦校园有各种"研究会""讨论会""讲演会"，思想非常活跃，孙越崎在此锻炼了自己的能力和口才，被选为班长、学生会长和同乡会长。在上海复旦公学，他与绍兴同乡国文教员邵力子相识。罗家伦、俞大维、恽震等人都是他要好的复旦

剪掉辫子的孙越崎

同学。

1915年5月，袁世凯政府接受了日本提出的"二十一条"，这一丧权辱国的卖国行径立即遭到了全国人民的强烈抗议。鉴于有亡国之忧，国家前途崎岖，孙毓麒为自己取了个新名——越崎，以示务使中国"越崎岖而达康庄"。

1916年，孙越崎和俞大维一起去考清华留美预备学校（清华大学前身），都没有考上。正苦恼时，碰到北洋大学（天津大学前身）的校长到上海招生，他就去报考，并被录取了。1917年春，孙越崎插班进入北洋大学预科班。学校要求严，考试多，淘汰率高，且用英语授课。当时美国和欧洲各国大学的研究院都有明文规定，免试接收北洋大学的学生入院读硕士。孙越崎起初进的是文科预科班，拟毕业后直接进入法科，以后当律师。此时，父亲孙延昌已在黑龙江呼玛县当了几年"县知事"，深知政坛错综复杂。得知儿子的选择后，他给孙越崎写信："我都已经（要）不做'高级流氓'了，所以希望你以后也不要做……还是选择采矿技术为好。"孙延昌蔑称官员为"高级流氓"，这给孙越崎很大的触动，经认真思考，他接受了父亲意见，就去找校长赵天麟，要求改学理科。校长提出的条件是，只有期末考试及格，才能转入理科。孙越崎暑假没有回家，就留在学校，请功课好的同学为他恶补数、理等科目，开学以后，便顺利地转入理科班。如果说，孙越崎走出大山到县城读山会初级师范学堂是他人生的第一次转折，那么，这次转学理科则是他人生的第二次转折。

1917年暑假后，孙越崎转入矿冶系，又被选为学生会会长。陈立夫、张太雷、曾养甫、叶秀峰都是他在北洋大学的同学。

1918年11月，第一次世界大战结束。中国是战胜国之一，但于1919年1月召开的"巴黎和会"上，众列强却要求中国将德国在山东的权利"转交"日本，消息传回国内，引起全国公愤。

1919年5月4日，北京学生在天安门游行示威，强烈反对"巴黎和约"，天津学生积极响应。5月6日，孙越崎为会长的北洋大学学生会致电北京大学学生会："极表赞同"。孙越崎以北洋大学学生会会长的身份，奔走活动，5月14日，又与天津高等工业学校的谌志笃、南开中学的马骏、天津美术专科学校的沙主培等人合组成立"天津学生联合会"，以此领导天津五四运动，声援北京学生的爱国行动。其时，他与天津女师的活跃分子邓颖超相识。5月22日，学生联合会开会，议题是研究第二天的全市大中学生总罢课，会场气氛严肃。孙越崎毅然第一个起立表态："我代表北洋全体同学，从明天起一定罢课！"孙越崎回校，立即找到几位成绩优秀的同学商量。这些同学深明大义，同意罢课，校长赵天麟也未反对。孙越崎敲钟召集全校同学，汇报联合会决定，同学们群情沸腾，一致高呼："参加！参加！"5月23日，天津大、中学校学生实现统一总罢课。

6月4日晨，天津市15所大中学校近万名学生在南开中学广场庄严宣誓，要到省长衙门请愿，反对签"和约"。当时天津警察厅派出大批保安队到场围困，最后迫于学生压力，警察厅厅长同意学生派代表见直隶省省长（从袁世凯开始，直隶省最高行政机构在天津办公）。学生派出孙越崎、马骏、谌志笃和沙主培等人为代表去省长公署谈判。

代表们向省长曹锐提出"请省长拍电中央，速释被捕之学生"，"并需将青岛争回，将密约取消"等要求。曹锐拒绝，代表们也毫不退让，针锋相对。后来学生游行队伍冲破堵截，来到省长衙门外，声势浩大，曹锐不敢拘禁代表们。恰在此时，得知上海工人罢工、商人罢市、学生罢课的消息，天津的学生们受到极大鼓舞，决定继续罢课。

6月27日，全国各地各界500余名代表聚集在北京中南海新华门外坚持斗争。据天津大学校史载：孙越崎也来到了北京，参加了这次集会。在这些代表中，有许多人后来成为中国现代史上的重要人物。如曾担任过民革中央主席的屈武，此时作为陕西学生代表赴北京声援学生运动，他激于爱国的义愤，在向总统徐世昌请愿之时，冲着徐世昌声泪陈词："如不答应学生的要求，我们以死力争！"说罢，就以头碰地，顿时血流如注，史称"血溅总统府"，屈武本人被誉为"爱国英雄"，声名鹊起。在请愿代表坚决斗争下，北洋政府迫于强大的压力，明确表态：拒绝在"巴黎和约"上签字；释放被捕学生；批准曹汝霖等人"辞职"。

五四运动，以彻底反帝反封建的革命性、追求救国强国真理的进步性、各族各界群众积极参与的广泛性，推动了中国社会进步，促进了马克思主义在中国的传播，促进了马克思主义同中国工人运动的结合，为中国共产党成立做了思想上干部上的准备，为新的革命力量、革命文化、革命斗争登上历史舞台创造了条件，是中国旧民主主义革命走向新民主主义革命的转折点，在近代以来中华民族追求民族独立和发展进步的历史进程中具有里程碑意义。

还有更巧的。1919年五四运动，京、津、沪影响最大，罗家伦是北京五四运动的知名学生领袖，孙越崎为天津学运代表，而"上海学生联合会"总干事是复旦大学学生会会长朱仲华，三大城市的学生领袖，居然同为复旦公学时好友，又都是绍兴同乡！

1919年暑假后，土木系又因抵制不合理考试方式，引发全校又一次罢课，校长赵天麟被迫辞职。新校长冯熙运态度强硬要求学生写悔过书，学生们又不肯写，最后孙越崎等同学被学校开除。

虽然孙越崎是以这种特别的方式离开"北洋大学"，但七十多年后回忆母校依然想到的是"花堤蔼蔼，北运滔滔，巍巍学府北洋高"，心中充满感情。而他在北洋大学的同学张太雷、陈立夫、曾养甫等人，后来都成为中国近现代史上响当当的人物。

孙越崎被北洋大学开除后，感到自己应对其他被开除的同学负责，于是去北京大学向绍兴老乡——蔡元培校长求助。在蔡元培的帮助下，被开除的学生们被北京大学接收，教务长蒋梦麟为他们办好了转学手续，转入北京大学矿冶系继续学习。孙越崎在北大又认真读了两年书，至1921年毕业。

此时，孙越崎的妻子已考入绍兴明道女子师范学校，缠足也放了，儿女双全，孙越崎可以和妻子"比翼齐飞"了。孙越崎从北京大学毕业后，觉得身体不适，因疑有肺病回家休养了两年，后来妻子葛采湘也病了，且日渐沉重，虽各方求医，仍不幸于1922年去世，孙越崎异常悲痛，一段时间肝肠寸断、无法自拔。父亲来信让他去哈尔滨散散心，1923年秋天，他把女儿托付好后，带着儿子竹生北上。

第三章　穆棱创业　初露锋芒

孙越崎渴望做事，但不愿去父亲的金矿。经父亲介绍，孙越崎便去调查抚顺、本溪煤矿和鞍山制铁所（鞍钢前身之一，日本帝国主义设立），当时日本人的严格管理给他留下了深刻的印象。

1924年初，由吉林省政府代表、吉林省实业厅厅长马德恩同俄商索洛门列昂结耶维赤谢结得尔司基（即谢结斯）签订《中俄官商合办梨树沟小碱场沟煤矿合同》，中俄合办的"穆棱煤矿公司"在哈尔滨成立，穆棱煤矿的开发与建设就此开始。新成立的公司急需一位中国工程师。孙越崎，受同为老乡的朱庆澜的委托，来此担任探矿队队长，与俄方探矿师卜鲁希年科去穆棱勘探中俄合资煤矿。1924年开始，他以中方探矿队长的身份来到土匪和野兽经常出没的东北穆棱矿区，开始创办穆棱煤矿。"孤骑入村，破撬驶雪"，经过3个多月的艰苦努力，孙越崎率领的勘探队已"用人工钻探矿20个，用电钻、刨锹挖探煤井39处，初步查出煤层幅员广大、层厚2米，很有开采前途"。于是穆棱公司向探矿队增添了设备和人员，加速推进勘探。

孙越崎临行时，父亲嘱咐："一定不能输给俄国人。"队伍

鞍山制铁所 1 号高炉

冒着零下三四十度的酷寒来到400公里外的穆棱荒凉的小碱场沟，住废弃房屋，开始探矿，几个月时间就探查到足够的储量，开始试采。

这一段时间不但极为艰苦，且十分危险，"三月五迁徙、六告匪警"。孙越崎在穆棱多次和土匪打交道，还遇"矿警队"叛变抢劫杀人事件。一次正在野外探矿，对面山梁忽现一队荷枪者，有工人喊："土匪来了!"孙越崎慌乱间上马，反向直上山梁狂奔，多处被荆棘划伤，到驻地话都说不出来，喝了杯水才告诉大家："有土匪!"不久土匪头领"小白龙"派人送来帖子：当晚要来拜访。大家更紧张了。"首领"到后，表示不会伤人，只要些生活物资，还说孙越崎的逃法不对，易被击中。孙越崎不由感叹："盗亦有道。"这对他是一种独特锻炼，提高了胆识和与各种人应对的能力。第二年，他因深具专业干才，被任命为穆棱煤矿中方首席矿务股长，同时兼任机械及土木工程股股长。

孙越崎在穆棱煤矿2号井边工作

经过孙越崎等人的艰苦奋斗，穆棱煤矿于1924年9月正式投产。最初日产原煤约160吨，以后产量逐年上升。同月，矿路事务所成立，中、俄双方在所内各设一套平行机构和职务，且地位平等。中方两任"所长"（矿长）都极少来矿，总让身兼多职的股长孙越崎代理，也称"首席股长"。有"督办"、总公司及理事长等，只是关键的财务、人事等由中国官方设在穆棱煤矿的理事长（驻哈尔滨）遥控着。

随着开采推进，公司决定新建1号、2号主力竖井。根据孙越崎请求，1号井由俄方负责，工作人员全部是俄国人；2号井由孙越崎负责，工作人员全是中国人。他遵照父亲教诲，和1号井暗中竞赛，职工三班倒，他常连上两班，甚至连轴转，最危险的装药、放炮，都亲自操作，最终建设速度、产量均与俄方1号井不相上下，双方成平手。

1928年穆棱煤矿年产煤已达28.1万吨，超过省内"扎赉诺尔矿"（今属内蒙古自治区呼伦贝尔市）的25.4万吨，成为当时中国东北北部地区（涵盖今天的辽宁、吉林、黑龙江、内蒙古东北部地区）第一大矿。到1929年，年产量突破了31万吨，成为当时中国东北北部地区唯一的一座产量高、效益好的新式煤矿。孙越崎在该矿连续工作了近6年，经历了从钻探、建井、投产到生产管理、运输销售的全过程，其中辛苦不言而喻。一个冬夜，孙越崎想挪动一辆碍事矿车，手即刻冻在铁把上，一拉，皮全撕掉了，痛入心扉。夜黑灯暗，四顾无人，一时悲从中来。这6年间，孙越崎"凡所经历，皆有记录，碎锦零缣，署诸行箧"。

孙越崎自葛采湘去世后一直单身，由于他非常正派、能干、生活清苦，声誉颇佳，还毕业于名牌大学，家世又好，不断有人提亲。到穆棱煤矿的第三年，父亲的朋友涂子厚、王云之特别热心，把天津法租界女子师范毕业的王仪孟（1902—1996）介绍给他。王仪孟出生于临

孙越崎与妻子王仪孟合影

川官宦世家，是宋代王安石的后人，他们这一族系是王安石弟弟的后代，父亲曾担任过清朝官员。煤矿一位姓张的嘉兴人是王仪孟父亲的朋友，介绍人与王家也熟，大家纷纷撮合。终获双方家长同意。但孙越崎此时正全力开发2号井，无心他顾，一拖再拖，最后介绍人谎称：你再不结婚，女孩子急了。1926年8月26日孙越崎和王仪孟在北京完婚。因工作紧，婚后一周，即携妻子经哈尔滨回矿，从此开始他们近70年相濡以沫的生活。

王仪孟国文根基好，本拟考北京大学，因家境未能如愿。王仪孟生性十分善良，温文尔雅，之前从未离过家，结婚到矿上，看到家中箱子、包袱里有许多沾着丈夫脓、血的裹脚布，还有刮破口子的脏衣，非常心酸。当时附近仍是荒山野岭，大部分时间只有她一人在家，感到孤独、恐惧，靠写家书排遣，纸上常沾着泪水。

1929年5月1日，女儿叔涵出生，王仪孟患产后热。当地条件很差，孙越崎把重病妻子送往哈尔滨。父亲给儿媳作了很好的治疗安排，始得脱险、康复。生活条件可见艰苦。

1927年7月，北平地质调查所所长，我国当年最著名科学家、北大教授翁文灏只身到该矿考察，孙越崎进行了接待陪同。孙越崎在校未上过翁的课，两人原先并不相识，但孙知道翁的大名。翁、孙二人相处数天，非常投缘。二人一同野外调查，又彻夜长谈，翁对孙之能力、抱负赞赏备至；孙对这位浙江老乡的渊博知识、廉简作风钦佩不已。翁文灏旋介绍孙越崎加入"中国地质学会""中国矿冶工程学会"。此次相识，对翁、孙两人后半生都产生了重要的影响。

工作五年多后，孙越崎觉得矿里政治、人事复杂，又自觉知识不足，

《翁文灏选集》封面

有了出洋留学的想法。王仪孟也说："你跟这些人在一起，有什么意思？不如出国留学去，也可开眼界，将来更有发展。"妻子的支持，更坚定了他的决心，于是写了辞职报告。此时，父亲孙延昌在哈尔滨最好的地段有块宅基地，拟建房自住，穆棱煤

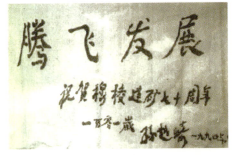

孙越崎为穆棱煤矿建矿 70 周年题词

矿公司理事长刘文田却想要此地，孙延昌不卖，刘就在孙越崎辞职书上批了"开除"二字——这是孙越崎人生中遭遇的第二次被开除。但公道自在人心，同事夹道热烈欢送孙越崎，把他举在头顶送进了火车车厢。

根据翁文灏建议，孙越崎在走之前写下了《吉林穆棱煤矿纪实》一书。这是该矿第一部翔实史书，全书约10万字，分31章，内容包括地理位置、矿区面积、地质及煤层、煤量与煤质、沿革及资本、公司组织、职员、采煤、探矿、采煤法、搬运、支柱及木板、排水、通风、井内灯火、钻炸、选煤、工人、包工法、历年产煤额、开支、成本、销路及售价、矿区自用煤斤、职工薪俸、井外设备、原动力、机械厂机械、穆棱铁路、总公司与矿区资产、历年盈余等。书中附有18幅照片和地质剖面图等，另有煤质分析表、井下水量表、历届盈余表等共计26个。该书由中国矿冶工程学会以该会专刊第2号的名义于1930年4月出版。蔡运升（时任穆棱煤矿

蔡运升半身像

督办）、朱庆澜、翁文灏分别为该书作序，对孙越崎的这段业绩给予很高的评价。

蔡运升在序言中介绍了选用孙越崎的经过，高度评价了孙越崎在穆棱煤矿中发挥的重要作用："计余督办穆棱煤矿，迄今五稔有半，凡百设施，次等就绪，指臂之助，惟在事诸君子是赖，尤以君之助予者为最大……"

孙越崎在东北穆棱煤矿共工作了五年八个月，亲身经历并熟练掌握了一个新建煤矿从勘探建井到生产、经营管理的完整过程，积累了与煤矿环境打交道的丰富经验，同时也面对思考了一些煤矿工程技术和生产管理方面悬而未决、久思不得其解的问题。为此他决定出国留学深造，增长知识，拓展眼界。翁文灏对孙越崎的艰苦创业精神和踏实肯干的作风有着深刻的印象。他在序言中感慨地写道："方今黉舍青年，往往感于一时环境之艰，而灰终身进取之志，事求其易，禄惟其厚，数年蹉跎，一生断送矣。今观孙君之一出学校，即入穷山，数载辛勤，卒创大业，其奋发兴起者当如何？"对孙越崎慰勉有加。

孙越崎亲自设计建造的穆棱煤矿 2 号井

第四章　出洋留学　考察煤矿

1929年初，翁文灏致电孙越崎，推荐他担任河北井陉煤矿总工程师，孙因当时人事纷纭，又准备出国深造，就推辞了。这年秋，在夫人王仪孟的鼓励和支持下，36岁的孙越崎从上海乘船到达美国，进入斯坦福大学研究生院学习。王仪孟在孙越崎出国后，就一直与公公、婆婆住在哈尔滨。

1929年9月初孙越崎乘船到达加利福尼亚，但当时加州大学已经开学一个多月了。在旧金山的大街上，孙越崎巧遇中国人韩文信。在韩的指点下，孙到学制不同的斯坦福大学顺利注册，进入了建于1885年的斯坦福大学学习。那时，中国的北京大学、清华大学以及由教会创办的一些学校的文凭受到美国大学的青睐，经预约注册即可入学就读。孙越崎进入的是研究生院矿冶系，他觉得自己以后不会当教授、搞研究，更不会去当官，就没申请学位，所选都是国内学不到的课

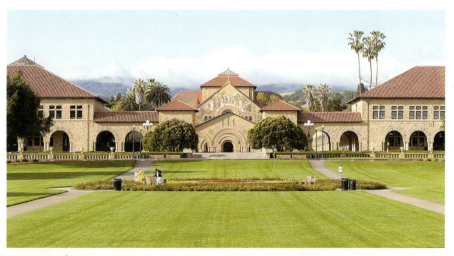

斯坦福大学

程，包括石油工程类等。

斯坦福大学是一所致力于理想和实际结合的学校，很合孙越崎心意。不过有几件事情让他很受触动。入校后，孙与另外两位同学住进一户人家，夜晚高声说话，次晨，房东老太太把他们的行李都扔出房外，真是被"扫地出门"了，孙越崎等人很羞愧。还有一次，他去看加州大学和斯坦福大学三年一次的校际足球（橄榄）比赛，一方的啦啦队忽然用英语高喊："不要像中国人，勇于内战，怯于外战！"他们不知是否针对自己，但球是看不下去了。又一次，一位美国老人很礼貌地问他们是不是日本人，但得知是中国人后，随即扬长而去。这些刺激反而激励了孙越崎，令他更加发奋学习。

美国当时在采金、石油开采等方面，无论设备技术，还是规模均居世界前列，而中国还没有真正意义上的石油产业。一到假期，孙越崎便抓紧考察。虽加州黄金热已消退，但他仍遵父嘱考察了当地的采金企业，发现这里的技术水平、效率非常高，国内技术无法与之相比。此时石油业正在全球兴起，加州是美国三大产油区之一，他头一次看到石油开采，有些知识书本上根本没有，虽没想到以后会办油矿，但还是十分认真地进行了解。在该校两年，他交了一篇论文，结束了在斯坦福大学的学业。1931年9月，孙越崎又申请注册进入成立于1754年的名校纽约哥伦比亚大学研究生院继续学习。这一时期，孙越崎重点选修了地质数学在石油开发与资源分析中的应用、应用流体地质学、自然资源定值的地质统计学分析、石油地质学、结构地质学、地球物理学、钻井等诸多课程。每逢假期，绝大多数中国留学生会坐在图书馆读书，孙越崎则请教授介绍他去洛杉矶、得克萨斯等地的煤矿和油矿参观学习。通过现场参观，孙越崎开阔了视野，增长了见识，为他日后回国创办和管理企业打下了坚实基础。

美国煤矿主要分布在东部地区，他来这里的目的就是边学习边考察。他一周看一个矿，各类矿都看，发现井下煤车居然能载重20吨，国内仅0.5吨，且煤经洗选、分类，方便使用……这些知识以后他都用上了。在美国看矿只要教授介绍即可，交通靠搭免费顺风车，就这

哥伦比亚大学

样，他花很少的钱，把美国重要矿区都考察了。

经过两年多时间的学习和参观，孙越崎结束了在美国的留学生涯，于1932年春离美经欧洲返国，一路先后考察了英、法、德等国的煤矿、工厂，又历时半年。

孙越崎先到了英国。发现英国煤矿技术并不先进，但英国人很严谨，考察要经过英国煤炭局。他申请考察40天，节假日不休息。三天后拿到英国人的一张日程表，一天不空。表上把每天几点几分乘哪趟车，几点几分到哪里、谁接、住哪、参观哪个矿等均安排得清清楚楚，环环相扣，路程不重复，没有一点时间用来浪费。尚未考察，已大受教育，这张日程表对他以后几十年的工作安排都有潜移默化的影响。

法国煤矿工业水平与英国相仿，孙越崎在此也参观了40天。他以前和艺术毫不搭界，在法期间，参观了凡尔赛宫、卢浮宫、蜡人馆等艺术殿堂后，十分震撼，大大增加了对文化艺术的敬重。

德国煤矿技术明显优于英、法两国。他到达时，正值希特勒上台前夕，抵达柏林当晚即遇纳粹党游行。孙越崎在德国也住了40天左

19

右，德国矿业公司的情报能力以及工矿的先进机械化设备和生产技术给孙越崎留下了深刻印象。

离开德国后，孙越崎途经苏联莫斯科回国。那时苏联第一个"五年计划"已进行了四年，还有一年，已接近实现，重工业大发展，宣传鼓动工作很出色，家喻户晓，人人皆知，一些街头贴有生产图表，指标完成情况一目了然。他受此启发，后来多次运用这类方法。他希望将来中国也有这样的建设热潮。由莫斯科回哈尔滨，火车走了14天，他在穆棱煤矿学会的俄语，派上了用处，一路与苏联人探讨国家建设问题，很受启发。

孙越崎留学，总计花了1万多元，费用来自在穆棱工作期间的薪水与父亲的补贴。留学期间，孙越崎仅煤矿就详细考察了几十个，像这样经历的留学生在当时并不多见。经过三年的学习，他学识飞跃提高，也有了全球视野。

1931年九·一八事变发生时，孙越崎还在美国，在报纸上看到消息，震惊、痛苦不已，此时，父、叔、弟各家和自己妻子儿女都在哈尔滨。1932年秋，孙越崎经苏联西伯利亚回国。去国三年，终回哈尔滨已是日据之地，得与父亲、妻儿团聚，硬汉孙越崎也感到家庭的温暖，涌起万般柔情。不久，当地所谓政府官员登门催报户口，孙越崎绝不愿当"亡国奴"，终未登记，在家仅三周，毅然南下入关，决定去北京找翁文灏。离开哈尔滨经大连乘船至天津塘沽登岸，当孙越崎见到当时的中国国旗在旗杆上飘扬，不禁跪倒在地，放声大哭，三年来对祖国的思念在此刻迸发出来。

第五章　国防设计　初入仕途

当时的北京还叫北平。来到北平，孙越崎去见翁文灏，翁力劝他到即将成立的国防设计委员会工作。孙得知是政府机构，又在首都南京，马上拒绝，表示绝不当官。翁说该机构正拟开发油田，可作一番事业。在美国，孙越崎对石油的重要性有了深刻认识，开发石油，太吸引人了。国防设计委员会（后改为"资源委员会"）1932年11月1日正式成立，孙越崎12月加入该会。走入仕途，这是他人生的第三次大转折。

国防设计委员会隶属于国民政府参谋本部，因有"国防"二字，不受当时汪精卫为院长的国民政府行政院辖制。时任国民政府军事委员会委员长的蒋介石亲自担任该会委员长，不设副职；并任命翁文灏为秘书长、钱昌照为副秘书长，负实责；还任命了国防设计委员会委员39人，几乎囊括现职部长和政坛顶级人才；下设若干组，分别在军事、国际关系、经济及财政、原料及制造、运输及交通、文化、土地及粮食、专门人才调查等方面开展工作，几乎无所不包；聘请了200名左右的专门委员，这些人大多是国内各界知名的专家学者。这样，蒋介石既能收拢名流学者，减少对立面，又能达成"经济备战""总体战"之目标。这也是当时中国第一个由最高领导人直接领导推动的国家工业化的机构，重要性非同一般。孙越崎也是这200余名专门委员中的一员，被聘为矿务专员，安排在该会原料与制造组工作。同在该组的专家还有丁文江、顾振、范旭东、吴蕴初、刘鸿生、颜任光等。1934年前翁文灏主要主持地质调查所的工作，所以该会创制和初期运作，主要靠钱昌照。

国防设计委员会成立后，根据该会组织条例的规定，所开展的工作主要是："（一）拟制全国国防之具体方案。（二）计划以国防为中心之建设事业。（三）筹拟关于国防之临时处置。"1935年4月，该委改组为隶属于军事委员会资源委员会。1938年改隶经济部。直至1952年，国民党败退至台湾后，将其改组为"经济部国营事业委员会"。面对百废待举、头绪纷繁的局面，该会开展的第一项工作就是根据需要进行深入细致的调查研究，调查的内容涉及全国各地政治、经济、社会、文化、教育等方面，其中包括关于（天）津浦（口）铁路沿线煤矿的调查，以及沿线矿产资源的化验等。孙越崎主动承担了这项调查工作。为了做好这项调查工作，孙越崎专门制定了《津浦路沿线煤矿调查计划纲要》。该纲要包括工作题目及事项、工作方法及步骤、工作地域及路线、工作范围与本会或其他机关过去工作的关系、工作范围与其他方面现有工作的关系、调查工作期望的结果及其与国防的关系、调查工作的助理人选、工作需要的时间、经费预算等诸多内容，非常详细。调查的对象依次确定为山东峄县中兴煤矿、江苏铜山县华东煤矿、安徽宿县烈山煤矿、安徽怀远县淮南煤矿、安徽怀远县大通煤矿。助理人选要求矿冶专科毕业、有矿务工程及行政经验者，孙越崎提名由严爽担任。临行前，孙越崎对与调查相关的资料进行了认真的研读。这些资料包括：北平地质调查所出版的所有矿业纪要，《矿冶杂志》，中华矿学社主办的《矿业周报》，山东、安徽等省农矿厅的《矿业报告》及各煤矿的史料。

1933年7月，孙越崎偕严爽开始了为期一个多月的津浦铁路沿线煤矿调查。8月，他们完成了《津浦铁道沿线煤矿调查报告》，报告共计400多页，附有多幅照片。调查报告的内容包括中兴煤矿、华宝煤矿、华丰煤矿、华东煤矿、烈山煤矿、大通煤矿、淮南煤矿——较原计划多出了华宝煤矿和华丰煤矿两个煤矿。调查报告的内容是详尽的，仅以中兴煤矿为例，包括第一章《总论》（含位置、交通、运河、津浦铁路、陇海铁路、沿革、资本、公司组织及职员）；第二章《煤田》（含地质、煤层、煤量与煤质、矿区）；第三章《采矿》（含大井设备、井下工程）；第四章《采矿方法》（含采煤、搬运、支柱、通风、排水、用灯）；第五章《矿厂设备》（含电气原动设备、机械厂设备、制炼设备、房屋、教育卫生设备、材料厂、台枣铁路）；第六章《职工》（含职员、工人、护矿队）；第七章《产额及成本》（含产额、成本）；第八章《运费及捐税》（含运输状况、运费及上下力费、纳税）；第九章《营业状况》（含销售、市价、盈亏、公司财产）。报告还附有中兴煤矿1932年的营业报告和纯益分配表等。

中兴煤矿位于枣庄，始建于1878年，现为中兴煤矿国家矿山公园，2018年列入我国第一批工业遗产保护名录。图为中兴煤矿旧照

这本调查报告极其详尽、清晰，钱昌照阅后很兴奋，随即交给行政院副院长兼财长宋子文过目。宋很赞赏，孙越崎才干初显。关于孙越崎的这次调查报告，后世学者认为"在以往各地质学专家历次勘探之结果的基础上，又有所推进"。

1934年春，国防设计委员会与陕西省商定，成立陕北油矿探勘处，决定在陕西延长县永坪建立油矿，这是该委员会设立的第一家也

早期的延长县石油厂

是当时唯一一家企业，孙越崎任处长。接到任命后，孙随即组成两支完全由中国技术人员组成的钻井队，100余人。所需设备从美德购进，总重近百吨，皆靠人背骡驮，陕西境内全系羊肠小道，运输十分艰辛。百姓怕抓"官差"，跑光了，县长毫无办法。孙越崎果断采取预先付钱的办法，一下雇到数百人、骡，终将全部器材运达井位。

孙越崎他们很快打出四口出油井，产量虽不高，意义却很重大，这可是完全由中国人自己打出的第一批油井。孙曾用这些打出的原油，炼出了柴油、发动了柴油机，向北平发去了报捷电报。同年9月，他正在井位操作，突接翁文灏电报，要他速到河南新乡，"商谈中原某大矿事宜"。孙越崎这次离开陕北，未再归，但仍兼处长，遥控指挥。翁文灏要与孙越崎商谈的是焦作"中福煤矿公司"。这是当时河南非常重要的一家大企业，由英国的"福公司"和中国"中原公司"组成，规模仅次于河北"开滦煤矿"、山东"中兴煤矿"（今兖州矿），位居全国第三。

中福煤矿位于河南省的西北部，煤层稳定，煤质优良，开采条件较好。从19世纪末开始，该矿先后经历了英商"福公司"独资经营和英中合资经营两个阶段。1933年6月，公司易名为中福两公司联合办事处（简称中福联合处），中方成为焦作煤矿的经营主体。由于经营无方，管理不善，加之战乱不断、工潮迭起，致使开支大，产量低，成本高，不仅欠发职工工资，而且拖欠大量铁路运费和窑木价款。短短一年多时间，河南建设厅厅长李文浩，国民党河南省党部主任陈泮岭，国民党中央委员、河南农工银行经理李汉珍先后走马灯似的主持中福联合处工作，都因管理无方而束手无策，相继辞职。多年来，河南当地都曾寻找"能人"，力求拯救中福煤矿，但始终不如人意。为此，英商福公司董事长专程来华，在英国驻华大使的陪同下，于1934年7月来到江西庐山，面见蒋介石，要求其派出得力人员立即对中福进行整理，英方宁愿为此放弃部分权益。蒋介石为了在国际上不影响中国和英国的关系，欲借美、英牵制日本，同时也认为中福煤矿是"国内重要实业，不容任其沦废"，立即同意，下令由国防设计委员会煤业部主抓，整理专员属意翁文灏。翁未办过矿，不敢答应，要孙越崎先去调查。孙越崎调查后，赞成赴任，翁文灏即接受整理专员任命，并请派孙越崎为总工，翁文灏不在时由孙越崎为"代理专员"和"总工程师"，获蒋介石同意。蒋介石随即遵照翁文灏的建议，任命了孙越崎担任焦作煤矿"代理整理专员"和"总工程师"。

这个"整理"很奇特，即采用"准军管"方式对中外合营企业进行整顿，派来的翁文灏、孙越崎具"同中将""同少将"衔。运作却纯商业化，只向金城银行借款30万元做周转金，当局未投资。1934年11月翁、孙到矿，立即精简机构、裁汰冗员，翁文灏明确了以中方为主的中、外方关系，由中方人员主持全公司的业务。翁文灏在矿不到一个月即回北平，次年春节后又来一次，见孙越崎的工作做得好，十几天后放心离开。

孙越崎来到焦作后，经过一番调查研究，随即制定了整理原则和颁布了整理办法。整理原则包括：避免无理的纠纷，节省非必要的开支，调整管理的方法，努力降低产煤的成本，充分增加运输的数量，巩固与扩充重要市场。《整理办法》共10条，主要内容包括：解散原董事部，原经理、协理等停止工作，原董事、监事停止行使职权；各项用款应极力节省，不得稍涉虚糜；缩小组织，裁汰冗员，紧缩预算，减低薪额。

《整理办法》颁布后，孙越崎随即大刀阔斧地开展工作。首先他根据需要精简了机构，将原有的部门合并为6个，即秘书室、工程科、会计科、业务科、经理科、零销处。接着是裁汰冗员。通过裁减人员，每月仅支付的工资就减少两万多元。与此同时，他还降低了部分

河南中福煤矿整理办法

在职人员的工资，员工工资之前越高削减的幅度也越大。

在精简机构、裁汰冗员、调整部分人员工资的基础上，孙越崎重点整顿了工程。1934年底，经过仔细研究、测算，他大胆宣布1935年要完成产、运、销各100万吨、盈利100万元的"四个100万"目标。孙越崎发现巷道开拓过度，下令撤出设备，以节省开支，集中开采，避免过度开发。这引起翁文灏特聘顾问——比利时籍知名工程师道格的强烈反对。孙越崎画了一张图，说明水淹合理性，道格终被说服。此后孙又采取了一系列标本兼治的革新措施，成效显著。1935年夏，井下大水，他直接下井指挥，直到危险解除，这种身先士卒的精神他始终保持着，让周围人不住地称赞。道格不久即向翁文灏辞职，说："你们有这么好的工程师，我在这没事可干了，可以走了。"翁文灏极力挽留，但道格坚持离去。道格曾在开滦煤矿任总管25年，威望极高，离开时，大家夹道相送的队列很长，直至火车站。焦作"整理"成功后，孙越崎成了业内知名人士。当时开滦煤矿总管说："国内有这么好的工程师，我以前怎么没听说？否则早就请他来了。"

煤炭是大宗物资，长途运输自然离不开铁路。关于煤矿与铁路的关系，孙越崎有一句非常形象的名言："铁路局是办煤矿者真正的上司。"当时，承担外运焦作煤炭的主要是道（口）清（化）铁路（道口，今河南滑县；清化，今焦作市博爱县）。整理矿务之前，由于焦作煤矿生产极不正常，已拖欠道清铁路局30万元运费，长期无力偿还，致使路矿两家关系十分紧张，铁路局对矿方已到了不预先支付现款就不进行运输的地步。为了缓和关系，孙越崎主动向铁路方介绍煤矿的整理方案，提出为了减少双方间的矛盾、矿方和铁路局由原来的每日结账改为按月结账的建议。铁路局方面也认识到只有煤矿发展了，铁路的营业收入才能增长，二者休戚相关，于是同意了孙越崎的要求。路矿关系从此改善。

在狠抓运输的同时，孙越崎还大抓煤炭销售。焦作煤矿生产的煤炭都是无烟煤，在当时无烟煤的主要用途是民用，与烟煤专供工厂和铁路不同，缺少大宗用户，没有大批量销售合同。为了抓好销售工作，孙越崎一方面在有关报刊上大登广告，宣传介绍焦作煤炭的特点及种类；另一方面努力扩大原有市场，致力拓展新的市场。不到一年的时间，焦作煤炭的市场已遍及省内外，在诸如道清、平汉、陇海、津浦四条铁路的主要沿线地区，卫河、沙河、长江中下游等各码头都能见到焦作煤炭的交易。与此同时，孙越崎还积极拓展国际市场。1935年，他责成有关人员搜集日本煤炭市场的需求量、价格、运费、用途等资料，制定计划和策略，打开焦作煤炭在日本的销路。

孙越崎早年在河南焦作骑自行车的照片

1936年，孙越崎夫妇和孩子在焦作与同事及同事家属子女合影

处理与地方土窑的关系，历来是件十分棘手的事情。当地不少农民由于农业收成少，不得不以煤为业，在煤上"打主意"。如果封禁土窑，势必断绝这些人的生路；如果任其土法开采，煤的质量不高，会败坏焦作煤炭的声誉。为此，孙越崎通过与外运煤炭的铁路方面沟通，商定了解决办法：道清铁路不再运输土窑生产的煤炭，他们需将土窑生产的煤炭以质论价首先交给中福联合公司收购，然后由中福联合公司统一向外销售，从而把土窑的销售环节控制在中福联合公司的领导之下。

通过整理，中福公司生产销售迅速出现生机。1935年度，焦作煤矿"四个一百万"圆满完成，还清了向南京金城银行借的30万元。1936年，中福公司年产量增幅更大，经营状况大为改观。

在公司事业蒸蒸日上的同时，孙越崎的家庭却出现了一件事故。1935年夏，孙越崎不满一岁的三女儿毛毛到煤矿医院打预防针，因药剂过量而亡。御下极严的孙越崎，因事故出在亲人身上，反而未给医院有关人员任何处分。其气度、其宽容令同事肃然起敬。在这件事上，夫人王仪孟的态度同样让朋友及周边的人们敬佩不已，她丝毫未干涉丈夫对事情的处理，没有吵、骂，甚至一句重话都没说过，自己默默地忍受了这份丧女之痛。

道清铁路线上的焦作站旧照

1936年底，"整理"期限已至，中原公司通过通讯会议，聘任孙越崎为中福公司总经理。亏损多年后的公司开始给股东们分红。孙越崎此前为防治贪污，严禁职工（包括他自己在内）买股，为此，公司董事会用其他方式专门奖励了孙越崎，从1937年起，公司每月给他2000元的超高收入——这是他一生最富裕的时期。那时，蒋介石和正部长月薪均800元。此时，父亲来焦作小住，孙延昌一直担心儿子只知拼命工作，不懂赚钱养家，得知有如此高的收入后说："我放心了。"后来，公司又给他一笔20000元巨奖。不久，卢沟桥事变爆发，这笔钱他都买了抗战公债。

从1934年底到1937年抗日战争全面爆发，孙越崎先后担任中福煤矿的总工程师、整理专员、总经理等职。在此期间，孙越崎采用科学的管理方法，经营有方，用人有道，将一个积重难返、债台高筑、濒临破产的企业扭亏为盈，使其产量和销量明显改善，向世人展示了他卓越的经营才干。这也是孙越崎管理大型企业的开始。

第六章　力主内迁　创建煤矿

正当孙越崎踌躇满志、雄心勃勃，积极向国内外订购先进的采矿设备，准备在焦作增开新井，扩大生产时，七七事变发生，抗日战争全面爆发后，日本侵略军占领华北地区后，接着入侵中原地区。政府号召内迁。当时许多民族资本的工业主要是轻工业，设备轻，迁移较易。焦作中福煤矿则不同，设备笨重，搬迁不易，但孙越崎决心要将其迁走。鉴于战火即将蔓延至矿区，孙越崎果断地决定停止生产，尽快销售存煤，并克服重重困难，在焦作沦陷前夕，将煤矿的机器设备和部分员工转移到了武汉。

中福煤矿公司中方董事们反对：这是河南的财产，不能迁！孙越崎摆出三条出路：迁，我能用，敌不能用；不迁，敌能用，我不能用；炸毁，敌、我均不能用。而且迁到后方产权和利润仍归他们。言简意赅，董事们被说服了。

中方董事同意了，但福公司方面英国人反对：日本不会侵犯我们的利益！孙越崎强硬反驳："你们认为日本是友邦，但日本却是我们中国的敌人，一定要迁！"英方人员无话可说，公司上下都见识了这位矮个子中国人的眼光和强悍，同意搬迁。但接着，国民党河南省和焦作市党部向设在新乡的第六战区司令长官署军法处控告孙越崎，说"拆迁"会动摇军心，有汉奸之嫌，应法办。战时，军法处对"汉奸"有自行处决之权，于是向孙发去投案通知，要求其去新乡自首。接到投案通知后，孙越崎向两位科长连夜交代，一条条安排如他不能回来时的应对办法。次日孙越崎来到新乡军法处。军法处处长发现孙与他的级别均为"同少将"，态度立刻转好。孙越崎详细介绍搬迁理由，获军法处处长支持。一场可能掉脑袋的危机就这样过去了。

搬迁的设备首先到达了武汉。武汉位于长江中游，有承东启西、接南转北的优越地理位置。抗战爆发后，沿海和其他地区数百家工厂陆续迁到武汉着手恢复生产，急需煤炭做动力。南京沦陷后，国民政府准备在武汉与日军决战，因而兵员调动频繁。浙赣、湘桂、粤汉等铁路运输繁忙，机车用煤量激增。当时武汉每月需用煤炭约4万—5万吨，而原来供应武汉煤炭的河北井陉、河南焦作、山东枣庄、安徽淮南等煤源因矿区沦陷或交通梗阻已逐渐甚至完全供应不上了。早在焦作煤矿沦陷前夕，孙越崎曾到湖南湘潭对当地的谭家山煤矿进行了数天的考察，并写出了《湘潭谭家山煤矿初期工程计划及预算》。焦作煤矿的机器设备迁到武汉后，孙越崎代表中福联合公司和国民政府资源委员会签订了《合办湖南湘潭谭家山煤矿草合同》，并于1937年12月1日成立了湘潭煤矿公司，由孙越崎担任总经理。经过10个月的紧张工作，谭家山煤矿凿成直井8口，斜井2口，小探钻6个，钻眼19个，日产煤炭近400吨。这些煤炭通过湘江运输到长沙、武汉等地，有力地支援了抗日战争。

1938年10月下旬，正当湘潭煤矿产量日增之时，广州、武汉相继失守，长沙危在旦夕。10月24日，孙越崎下令大部分矿井停止生产，将机器设备拆迁转运到四川，开辟新的矿区。

在孙越崎将焦作煤矿的机器设备转移到武汉之时，四川天府煤矿公司董事长兼民生轮船公司总经理卢作孚曾与孙越崎见面，希望与其合作，并承诺负责优先把焦作煤矿的机器设备转移到四川。两人一见如故，当即决定联合成立天府矿业公司，卢任董事长，孙为总经理。为慎重起见，孙越崎于1938年3月曾一个人专程来到天府煤矿实地考察。经过权衡优劣，孙越崎决定与卢合作，并就合作事宜提出

卢作孚

焦作工学院大门旧照

了规划建议。

当时在焦作还有一所著名高校——焦作工学院，孙越崎曾担任学院董事长。抗战爆发时，孙越崎解决经费和运输问题，将学校的师生、设备、仪器、图书、标本等完整地迁往陕西。正是有这些条件做基础，1939年该校得以与北洋工学院、北平大学工学院、东北大学工学院三校内迁师生合并成立西北工学院。2010年"国家最高科学技术奖"得主师昌绪即西北工学院矿冶系毕业的学生。

1938年5月1日，合组的"天府矿业股份有限公司"正式成立，孙越崎被推选为总经理。在此之前，天府煤矿的生产方式十分落后，采掘全用手工，井下运输主要靠矿工用竹篓来背，抽水也靠人工。井下通风不畅，矿工劳动之时近乎裸体，安全性差，死亡率很高。亟须改造原矿，引进现代设备。为了改造该矿，孙越崎首先建立发电厂，实现了机械化生产。在矿井基本建设和生产技术改造方面，孙越崎重新布置巷道开拓，改造或更新了通风、排水、提升、运输等设备。他把矿洞裁弯取直，扩大开高，铺设双轨运煤。在矿工管理方面，天府煤矿原来实行的是"租客制"，即矿方依靠包工头管理工人。这种管理方式有很多弊端：一是生产大权完全掌握在包工头手里，包工头所得高于矿方；二是矿工流动性极大，难以保持人员稳定和提高生产技能，劳动生产率低下。孙越崎上任后，随即改"租客制"为"里工制"。里工一般由矿方直接招募、管理和支付工资，主要职员和技术工人由矿方管理，人员队伍较为稳定，为发展生产提供了保障。为了避免激化矿方与当地封建势力的矛盾，孙越崎聘请当地的乡长、袍哥大爷为煤矿顾问，按月奉送礼金，以示尊重，此举对以后解决矿界纠纷、购置土地、防止地痞干扰等起到了积极作用，天府煤矿逐步发展起来。1938年，天府矿业公司产煤共计54921吨；1940年超过10万吨；1942年超过20万吨；1943年超过30万吨；1945年超过45万吨。在孙越崎的领导下，天府煤矿的产煤量占当时重庆军民用煤需求的40%—50%，成为抗战后方规模最大、产量最高的一座煤矿。

随着大后方经济发展用煤需要的增长，煤炭供不应求的问题日益突出。为了支援抗战后方的经济建设，孙越崎代表中福煤矿公司于1939年1月与当地士绅、银行家宁芷邨等在四川西部的犍为县合办嘉阳

1999年10月，焦作工学院（现为河南理工大学）在90周年庆典期间隆重举行孙越崎铜像揭幕仪式

天府煤矿公司旧照

煤矿。翁文灏为董事长，孙越崎为首任总经理。嘉阳煤矿年产煤炭20万吨，沿岷江运销至嘉定、成都、宜宾、泸州等地。

　　1939年4月，孙越崎通过考察，决定由中福公司投资35万元，与四

四川犍为嘉阳国家矿山公园内嘉阳煤矿创始人翁文灏、孙越崎、汤子珍的铜像

川省建设厅在隆昌县合作开办石燕煤矿公司。公司董事推举孙越崎担任总经理。石燕煤矿临近成渝公路，距内江、自贡糖盐工业区甚近，又有沱江运输，获利颇丰。

1940年7月，孙越崎决定投资98万元，与资源委员会和四川盐务局在威远县黄荆沟合办威远煤矿。孙越崎仍被推选为总经理。威远煤矿生产的煤炭主要供应自流井、贡井煮盐和资中糖厂、酒厂等生产之用，还有一部分运销至内江、资中、宜宾等地。

由于孙越崎在四川先后担任了天府、嘉阳、石燕、威远4家煤矿的总经理，为了便于"统一资金，统一业务，统一行动"，孙越崎决定将这4家煤矿联合组成总公司，同中福公司在重庆联合办公。账目各自分管；秘书、总务、材料及勤务员合为一套人马，费用分摊。董事们推举孙越崎同时兼四矿总经理，不设副职，无总工，在重庆设联合办事处，人员极简，资金互通，四矿各派一名会计驻办事处，随时报告成本、利润，孙越崎只抓这个要害，其他事务矿长有全权，这是他能同时管好多个矿的一个主要原因。这样一来既节省了开支，又提高了办事效率。4家煤矿的资金可以互相流动周转，生产的煤炭可以互相调拨。这些煤矿的投产不仅为支持抗战时期大后方发展经济作出了贡献，而且对中国西部地区经济的开发产生了积极的作用。

抗战后期，孙越崎还利用二战期间美国与同盟国签订《租借法案》的机会，选派了一批工程技术人员到美国培训实习。据参加过培训的当事人回忆，赴美培训实习人员按照实习科目分为10个组，其中煤矿组全组17人

威远煤矿大门

中竟有14人是由越崎先生的煤矿选拔、甄派的，这在所有各批赴美培训的各队组中是独一无二的。孙越崎对重建敌占煤矿的重视，对认识《租借法案》契机之深切和对派出培训人员所下的决心，"真是令人敬佩"。

第七章　迎难而上　煤油大王

抗日战争爆发前，中国由于缺少油矿，所需石油绝大部分依赖进口。抗战爆发后，中国沿海港口相继被占，进口油源基本断绝，汽车、飞机等军事方面用油无着，形势万分危急，国民政府不得不设法在国内解决油源。玉门油矿经调查被认为值得勘探，又恰好位于唯一可靠的国际交通线——中苏公路，于是国民政府决定成立筹备处，试开发玉门油矿。1938年，资源委员会成立了甘肃油矿筹备处，选定甘肃省玉门县老君庙为油区并着手钻探。次年，老君庙北处的1号井开始出油，极大地鼓舞了当时人们的信心。筹备处成立后，需要解决设备问题。之前陕北油矿探勘处在陕北延长一带探采石油，留下了两套勘探设备，后由驻扎于此的红军接收。翁文灏为此前往拜访周恩来，商请中共帮助将这两套设备运至玉门进行勘探。周恩来当即应允，表示支持。

1940年9月，资源委员会副主任钱昌照和孙越崎到现场调查，并由孙越崎拟定开发计划，并获蒋介石同意。由于此项计划预算费用甚高，且开发条件过于艰苦，究竟能够发挥多大的作用，

1939年3月，玉门油田从延长油矿调来两部德国和美国制造的木制钻机，钻井井深可达200米。图为玉门油田第一代钻机

前景并不明朗，一些专家对此持强烈的反对意见，以至于预算问题在有关讨论会议上当众被否决。不得已，翁文灏带着孙越崎来到执掌财政的孔祥熙那里说明情况，翁文灏说计划是孙越崎做的，也由他负责开发。孔祥熙视察过天府煤矿，对孙越崎印象极佳，孙越崎向他保证玉门石油能够提供国际通道——西北公路的用油，发挥作用不容忽视，并对他说"历史会记下您这一笔"，终于被说服，同意拨款。得知孔祥熙已同意，持反对意见的人也不再反对了。甘肃玉门油矿终获"准生证"。1941年甘肃油矿局正式成立，孙越崎担任首任总经理，不设副职、也无总工。

玉门油矿位于祁连山北麓的戈壁滩上，海拔2400—2900米。这里遍地沙碛，草木不生，冬季气候寒冷，每年结冰期在6个月以上，工作条件十分恶劣。玉门距重庆2000多公里，全程土路，汽车单程需20余天。矿上所需食品要到几百公里外才能购得，生活条件极其艰苦。孙越崎上任后，他看到玉门油矿用到的各类设备当地不能生产，只能在重庆订购，打井用的水泥和重晶石等当时也仅有重庆一地可以生产。于是，孙越崎把甘肃油矿局机关设在重庆的牛角沱，起办事处作用，专办财务及购买、运输设备材料、生活必需品等。油矿局设协理一人，常驻玉门油矿，就近指挥生产。在玉门油矿，孙越崎以采油为中心设立了矿厂，以炼油为中心设立了炼厂，另设立总务处，为两厂员

玉门油田老一井位于玉门市南坪街道老君庙门前西侧，是甘肃油矿筹备处在老君庙最先开钻的1号油井，2013年被国务院公布为第七批全国重点文物保护单位

工服务。

　　油矿局成立之时，玉门油矿各项建设均无长远打算，各项房屋建设更是简陋。戈壁滩上的土壤含沙量大，不能烧砖瓦，盖房全用"干打垒"为墙，即用含沙的土夯实做墙壁，房顶为拱状形，上盖沙土，拌油渣，以避风雪。孙越崎上任后，委托重庆扬子建筑公司全面规划设计玉门油矿的所有建筑，包括厂房、材料库、员工宿舍、家属住宅、福利供应社、医院、子弟学校、办公室、招待所、大礼堂等。

　　为了把在重庆采购的各种物资源源不断地运到玉门油矿，孙越崎在重庆歌乐山设立了一个庞大的运输处，最多时拥有400辆卡车，往返于玉门和重庆之间。玉门油矿生产的油产品几乎全部依靠桶装外运，即依靠从重庆运输物资抵矿后返回的汽车，将油产品运出甘肃。随着油产量的不断增加，而汽车的运输能力有限，运输不及时的矛盾日益突出。为了弥补汽车运输力的不足，孙越崎决定自1942年11月起，增加水路运输，利用黄河流域常见的羊皮筏在嘉陵江一带运油，运输效率大为提高。这一时期，孙越崎每年夏秋期间在玉门油矿督促生产建设，冬春季节在重庆办理运费预算和采购设备材料，同时还要兼任四川四个煤矿的生产管理。

　　1941年4月至10月，4号井和8号井先后井喷。孙越崎闻讯很是高兴，因其证明了玉门油储量之丰厚。12月7日珍珠港事变，进口的大部分钻机和炼油设备在运输途中被炸毁，孙越崎得知讯息后，在矿区宣布：今后主要靠自力更生，1942年汽油产量要达到"180万加仑"（约

老君庙油矿4号井井喷

合540多吨），为上一年的9倍！

孙越崎回到重庆，立即通报指标任务。同时发动油矿局内外抢抓设计，还在整个后方收集极短缺的原材料，委托近百家工厂紧急加工炼油设备，还要求"充分发动群众"。孙越崎白天在局督办油矿工作，晚间处理煤矿事务。

孙越崎要完成"180万加仑"的指标，油矿上下无人不知、无人不晓，职工都自觉为此奋斗，甚至连周边的小学生也能脱口说出"180万"的话语。1942年3月，油矿局成立一周年之时，孙越崎开会为"180万"鼓劲，并请翁文灏到场讲话。翁文灏问孙："如果完不成任务，你怎么给我交代?"孙越崎马上起立："自愿受撤职处分！"1942年上半年，翁文灏本人就玉门油矿生产情况至少向蒋介石报告了四次，深感压力巨大。

11月，在全矿员工上下苦干之下"180万"指标提前完成。宣布的那一天，全矿汽笛齐鸣，群情激扬。孙越崎被众人高高抬起，在欢呼中扔到空中。他向大家连连鞠躬致谢。这是他一生第二次被人"抬举"。

同年8月，蒋介石为处理新疆问题来到嘉峪关，顺路到玉门油矿视察，省主席、战区司令等人员陪同视察。当时，完成"180万加仑"的工作还在紧张进行中，孙越崎正在矿上督战，但已有把握可以实现。

8月26日，蒋介石从嘉峪关至矿区，往返皆由孙越崎同车陪同。孙一路侃侃而谈，到矿区又向蒋介石介绍开发、生产、争取资金之艰难等情况，蒋介石对油矿和孙越崎评价非常高，连说："不容易，不容易，两年时间建成这个样子，实在是不简单！"蒋介石日记对那天有较详细记述："途中，承孙毓（越）崎总经理之招待与各种说明，尤其对国内各种矿产分布数量，足有五小时之久，令余发生人才并不缺乏之感也，乃令其对于钢缺（铁）事业，以及机器制造，与电工器材各事业研究五年计划也。"

蒋介石走后第三天，资源委员会转来他的电报，电文很长，大意是感谢孙的热情款待，电报中的用词之客气使在场同事惊讶不已。

电报中还说，要孙越崎拟订战后经济计划、举荐建设人才。孙越崎了解到翁文灏等正在进行拟订战后经济计划这项工作，婉言推辞，他说："不行，我不能背着翁先生搞这些事。"孙越崎没有政治野心，他从不干"僭越"的事。不久蒋介石派人给孙送来一个密电本，提供了一套专用的联系密码，可直接联系。但孙越崎仅为请求解决周转用油桶之事用过一次。孙越崎深知，企业能够长久发展的真正基础在于人才。玉门油矿是当时中国第一个比较正规的油矿，它的开发规模和年产量当时在国内均首屈一指。为了企业的兴旺，孙越崎上任后首先留用了原来甘肃油矿筹备处主任严爽，并任命他为矿厂厂长，又任命原重庆动力油料厂厂长金开英为玉门炼油厂厂长。孙越崎还从陕北油矿、四川油矿、重庆动力油料厂等单位招聘了一批技术人员。

此外，孙越崎每年还从西北工学院、昆明西南联大、重庆中央大学等学校的应届毕业生中选拔一些优秀人才，前后吸收了二三百名大学毕业生。为了使这些大学毕业生在遥远荒僻的玉门油矿安居乐业，孙越崎争取邵力子夫人傅学文的支持，从她主办的女子职业学校中挑选了一批肯吃苦耐劳、有志边疆建设的毕业女学生，把她们送到玉门油矿，安排她们做教员、护士、财会等工作。此举大大活跃了矿区的生活，她们中大多数人与矿区的男技术人员结为伴侣，成家立业。为了提高油矿的技术和管理水平，孙越崎还从美国聘请了钻井、采油、炼油等方面的工程师到玉门油矿工作，就地培训青年职工，工作效率大幅度提升。

玉门油矿的成功，缓和了战时大后方油荒，为今后中国石油工业发展积累了经验，奠定了我国现代石油、石化工业的最初基础。随着开发成功，国民政府将油矿拨款列在资委会之外进行"单列"，便于统筹安排资金。玉门油矿成为抗战期间国家投资最大的一家企业，开启了一项全新产业。

这一时期，孙越崎率领玉门油矿职工胼手胝足，用辛勤的汗水在祖国大西北的沙漠荒滩上建起了一座新兴的石油工业城，使玉门油矿成为国民政府时期中国开发规模最大的油矿，也是世界上开发最早

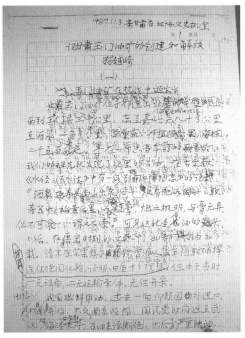

孙越崎《记甘肃玉门油矿的创建和解放》手稿

的非海相油田之一。玉门油矿作为一个集地质勘探、钻井、采油、炼油、机修、运输等功能于一体的综合性石油企业，拥有比较先进的工艺技术和机器设备，为中国石油工业培养了大批管理人员和技术工人。其产品在抗战期间，无论对在前线中国军队的作战还是后方的经济建设及民用，都发挥了十分重要的作用。

孙越崎主持建设玉门油矿多年，殚精竭虑，不遗余力，功不可没。1942年在兰州举行的中国工程师学会年会上，孙越崎因主持开发玉门油矿成绩卓著，被该会授予金质奖章。孙越崎从此被誉为中国的"煤油大王"，在公众中享有极高的知名度。

孙越崎曾于1942年7月和1943年7月两次赴新疆。第一次是参观新疆和苏联合办的独山子油矿，第二次是代表甘肃油矿局接管独山子油矿。

独山子油矿位于新疆首府乌鲁木齐以西200多公里的乌苏地区。清末，当地政府曾筹集纹银30万两，从俄国购买了一套设备，包括挖油机、提油机和制烛机等，并雇用俄国工匠，在独山子开掘油井。1911年，袁大化担任新疆巡抚后，因经费不足下令停办独山子油矿。1936年春，新疆当地政府同苏联有关部门联合组织独山子油矿考察团，由苏方派遣工程技术人员，从事地质、钻探等工作，双方合办独山子油矿。

1942年6月，主政新疆、有"新疆王"之称的盛世才打电报给国民政府，声称近接苏联来电，苏联要派外交部的官员到迪化（今乌鲁木齐）来交涉独山子油矿事宜，希望国民政府派人前来接洽。于是，国民政府派经济部部长兼资源委员会主任翁文灏、时任甘肃油矿局总经理的孙越崎等人飞抵迪化，与苏联政府派来的外交部副部长狄卡诺索夫谈判合办独山子油矿事宜。

为了取得第一手资料，孙越崎到迪化后即参观独山子油矿，准备合办事宜。随着欧洲局势的变化，盛世才由"反帝、亲苏、联共"转向了"投蒋、反苏、反共"。苏联方面则把在独山子油矿除了炼油设备外可以拆迁的机器材料，包括埋在地下的水管油管全部拆走。盛世才要求国民政府经济部前来接办独山子油矿，经济部安排孙越崎全权负责接办事宜。孙越崎在接管独山子油矿时，正值"新疆王"盛世才在"亲苏"和"反苏"之间反复无常之时，局势难以预料。孙越崎以国家利益为重，置生死于度外，偕同夫人和小儿子，率领玉门油矿矿长严爽、炼油厂厂长金开英从容前往，按时到达，着手办理接管手续。

在迪化，盛世才满口答应打电报给独山子油矿负责人，让他向孙越崎办理移交手续。正当孙越崎准备去接收之时，盛世才的政治态度又出现了重大反复。其原因是斯大林格勒战役使苏德战场形势发生了变化，苏军在苏德战争中节节胜利，盟军将在欧洲开辟第二战场。盛世才为了保全自身的利益，

抗战时期的孙越崎

再次投靠苏联，并把除新疆监察使罗家伦之外的蒋介石派到新疆的所有党政人员全部逮捕。这时孙越崎已来到独山子油矿，与矿方商定办理移交手续的日期。面对突变的政局，孙越崎没有惊慌失措，他沉着镇定，静观油矿负责人的态度，如期参加了独山子油矿的交接仪式，并燃放鞭炮以示庆贺。随后，他又从容不迫地前往伊犁参观。

当孙越崎回到迪化时，得知盟军已在法国诺曼底登陆，苏联也不再信任盛世才，盛世才又转而讨好蒋介石，并开始在新疆逮捕共产党员。不久，蒋介石把盛世才调离了新疆，任命他为国民政府农林部部长，孙越崎一日数惊的生活才得以结束。

1944年，孙越崎又接管了新疆乌苏油矿，并归属于甘肃油矿局。他是当之无愧的石油工业奠基人。当然，翁文灏虽仅到过玉门一次，但从地质学和国家战略出发，所有石油开发决策都经他作出，同样也是功不可没的，在中国石油工业领域占有一席之地。

新疆独山子油田遗址

第八章　特派大员　接收改造

抗日战争胜利后，国民政府各部门纷纷忙于接收沦陷区的敌伪产业。1945年9月，孙越崎被任命为东北特派员，主持接收东北地区的原日伪工业企业并进行改造，从此他由一名"职业经理人"变成了所谓的"纯官员"。战后的东北地区要搞建设，孙越崎计划招聘去东北办工业的人才近千名。但当时东北地区的局面十分复杂，孙越崎设想的千人出关接收敌伪产业的计划自然无法实现，战后全心全意地进行工业建设也只是一个梦想。10月，国民政府又任命孙越崎兼任行政院河北平津区敌伪产业处理局局长，让他处理平津冀地区的敌伪产业，妥善变现并上缴国库。

处理局挂牌时距离抗战胜利已三个月，许多单位早把敌伪产业抢夺一空，处理局根本拿不到。时任国民政府行政院院长的宋子文亲自坐镇北平一周，强令各单位把接收清册交给处理局。北平行营主任李宗仁是名义上的地区最高长官，很快交出了清册，表示愿意撤销自己统领下的河北平津敌伪产业清查委员会。但当地最强实力派之一、第十一战区司令长官兼河北省主席孙连仲，手握武装力量，控制物资最多，但拒绝交出敌伪物资仓库。于是，孙越崎亲自带人去封了孙司令的仓库，随即又去面见孙。孙司令身着军礼服、挂满勋章奖章，装模作样地坐在沙发不起身迎客，孙越崎毫不在意，直面交谈。孙司令在孙局长更强的气场下服了软，孙局长也给孙司令解决了一些具体问题，双方谈妥移交事宜，事情顺利解决。如此一来，其他单位见状也就移交了。

处理局最初仅20余人，任务太重，一年后迅速增加到1100多人，基本就地招聘，待遇也好。孙越崎管理极严，严防营私舞弊、贪污受贿。

有人见到口的肥肉"被"吐出，咽不下这口气，清查委员会的清查团团长、当年北大物理系毕业的高才生、河北监察区监察使李嗣聪就是其中一位。1946年7、8月间，李亲自坐镇，重点审查孙越崎的处理局，翻遍案卷账册，还向有关方面调询。彻查一个多月，完全出乎李的意外，什么问题也没有。

孙越崎唯一的同母兄弟孙英坡非常精明、强干，仅用十年，就由一个外来户发展成为北平实力雄厚的民族资本家。此时，孙英坡也想参加处理局公开投标，被孙越崎坚决制止。抗战期间，父亲和继母在北平去世，留有西总布胡同宅院等遗产。孙越崎主动表态，不要任何家产，全部留给另两位异母弟弟，孙英坡也接受了哥哥的建议，并一同去法院做了认定。

这时恰恰是在所谓的"五子登科"的时代，即国民党大员在接收敌伪财产时，只对金子、房子、女子、车子、馆子（高级饭馆）感兴趣，而孙越崎这位接收大员却能如此克己奉公、廉洁自律，着实令人赞叹。

1946年2月底，苏军开始从东北撤军。孙越崎随后出关，到达锦州接收工矿企业。他曾寄希望于战后胜利的黄金时代，憧憬着东北重工业大发展、国家生产恢复。但随着内战爆发，国民党军队在战场上溃败，他的努力与希望也变成泡影。

第九章　真诚爱国　追求光明

1938年，蒋介石不再兼任资源委员会委员长一职，由翁文灏兼任，钱昌照任副职。抗战胜利后，资源委员会于1946年改为直属国民政府行政院，属部会级机构，全面发展民用工业。该会统领当时全国近千家大型工矿企业，管理30多万名员工，是当时最大的国家资本工业企业经营和管理机构。抗战前后，新建有100多家企业，开创了石油、电工器材等新兴产业。该会及其所属工矿企业的产生和发展，对中国近代工业的发展和社会进步发挥重要的作用。

1946年5月，翁文灏辞去资源委员会的职务，钱昌照接任，孙越崎任副职（注：资源委员会始终仅设一个副职）。此时资源委员会空前壮大，辖121个总公司，1000多家大中型企事业单位，32000名技术、管理人员（其中相当一部分拥有专科及以上学历），3000余名高级人才，20万名工人（其中不乏技艺高超的技工）。资源委员会还拥有钨、锑等矿产品专有出口权，享有外汇留成收入，经济实力雄厚。有资料指出：1947年"其（指资源委员会在全国工业生产总值中的比重），煤38.8％，……发电量83.3％，钢90％，水泥51％，石油、钨

国民政府资源委员会旧址位于今南京工业大学虹桥校区内，现属于南京市文物保护单位

砂、钨、锑、锡、铜等等有色金属及机制食糖更达95%以上"。

1948年5月，孙越崎被任命为行政院政务委员兼资源委员会委员长，成为该会的最高领导。这一时期，中国的石油、金属矿开采和冶炼、钢铁、电力、煤炭、机械、化学、电子等行业的绝大部分企业都在资源委员会的领导之下。该会在当时集中了一大批学有所长的主要从事工业技术和管理的人才，其中相当一部分是留学归国人员，接受了西式现代教育，信仰"实业救国"，希望国家独立、民族昌盛。

抗战胜利后，面对亟待休养生息的祖国和人民，孙越崎先生曾乐观地认为：民族工业复兴的机遇已经来临，民族工业将得到前所未有的发展。但当他看到蒋介石坚持内战、独裁和国民党的贪污腐败后，陷入苦闷和失望之中。1947年7月，孙越崎去东北视察。经过两个月的实地考察，耳闻目睹一切，他深切地意识到：国民党全军上下，士气低落，每战必败，地盘不断缩小，国民党必亡、共产党必胜的趋向，已经越来越清楚。

从1948年开始，国民党在军事方面节节失利，经济方面的恶性通货膨胀日益严重。在关系国家前途命运的重要历史关头，孙越崎以民族大义为重，毅然决然地作出正确的选择，站到了中国共产党领导的人民革命一边。

1948年10月，孙越崎事前未与任何人商量，利用资源委员会所属重要工矿企业负责人前来南京出席全国工业企业联合会成立大会的时机，在会后把他们召集到资源委员会礼堂举行秘密会议。会议上，孙越崎对参会人员说："目前大局形势，大家都已看得明白，不必多说。以前东北战事吃紧时，我帮助大家逃进关来，现在华北平津形势又吃紧了，怎么办？可能大家心里都有这个问题。我看逃到哪里去都是一样。战争虽然会死人，但只要主管人镇静，战争波及厂矿时，大家不要乱串乱跑，死亡是可以避免的。鞍钢是个很好的例子。鞍山市被围时，鞍钢员工都躲在屋内，没有出外乱串，结果没有一人伤亡。"在这次会议上，孙越崎确定了"坚守岗位，保护财产，迎接解放，办理移交"的方针。此时，淮海战役尚未打响。会上，孙越崎原上司杨公兆第一个支持，多数人拥护，大家决定把资源委员会的资产留在大陆，移交给中国共产党。因顺民心，各单位都认真执行，始终没泄密，最终完整交给新生的人民政权。会上仅一人反对，但也未告密。大家对形势有着基本了解和判断。

会后，孙越崎通过财务处长季树农，找到了中共地下党潘汉年，借此关系，此后得到中共党组织的指导和帮助。

这次会议及会上的决定，孙越崎没有马上告诉翁文灏，因为此时翁还在行政院长的任上，直至翁辞去行政院长的职务后孙才相告。钱昌照1948年夏就出国了，孙越崎开秘密会议时，钱正在国外考察，也不知晓会议情况。直至回到国内，孙才将此事告知。

1948年12月的一天，蒋介石突召孙越崎，当面要求他把南京的五个工厂（南京无线电厂、南京有线电厂、南京电照厂、南京电瓷厂、马鞍山机械厂）迁往台湾。孙越崎借口经费困难、难以执行，但蒋要求当即解决，并限期完成。孙越崎无法拒绝，只有拖延，过了蒋介石给的限期，也未搬迁。

1949年1月21日，蒋介石宣布"下野"，李宗仁出任"代总统"，孙越崎见此情形立即下达停迁令。京沪杭警备总司令汤恩伯来电，"奉层峰（指蒋介石）令"催迁，孙越崎才知蒋对政局并没有放手，毫无放松。2月，翁文灏应蒋约赴溪口，孙越崎托翁向蒋解释一下，哪知见面蒋即主动对翁说："我要孙越崎拆迁南京的五个工厂，他一

1948年南京电照厂全体职工合影

直没有迁，我看他是受了资源委员会里中共地下党的包围了，糊涂了。这个人对我们很有用，你回去劝劝他，叫他不要上共产党的当，告诉他不要失去信心。"孙越崎听说后感到问题严重，马上召集五个工厂负责人开会，把汤的电报以及翁和蒋的谈话告诉了大家。孙越崎横下心说："尽量拖延吧……"大家知道这风险极大，电照厂厂长沈良骅挺身而出，要求分担孙的"重担"，其他人也纷纷表示支持，孙越崎感动万分，但他表示：还是我一个人承担。四十年后，当见到厂长之一的王端镶时，孙越崎激动地和他紧紧拥抱，说："我们是生死之交！"

后来汤恩伯又来电催，孙越崎找到李宗仁那里，让李发话，说在和谈背景下暂不搬迁，李当即同意。汤又多次催促，但由于解放军发起渡江战役，很快渡过长江，汤顾不上再催促，南京五厂终得保留下来。

在这极端混乱的时刻，孙越崎接到资源委员会国外贸易事务所纽约分所发来的"亲译绝密"电报："国内形势如此，应否将资委会美国存款中提出若干，另户存储，请电示。"显然这是为后路做准备。孙越崎阅后批："不许动。"他说："我绝不侵占一文公款。"

解放军渡江后，国民政府南逃广州。孙越崎早把资源委员会的多数职员迁到上海。因此，上海保存有大批资源：白糖、电厂器材、有色金属、钢材和原油，还有一套炼油厂设备以及资源委员会的档案等。此时国民党把上海撤运当作最大的任务，而资源委员会的撤离是重点之一，汤恩伯等轮番督促，形势十分紧张。但资源委员会留下来的决心非常坚定，因此用了各种方法来拖延。1949年5月27日上海解放，这批物资全部保留下来，移交给了军管会。

孙越崎完成任务后，就给李宗仁等人各写一封辞职信，然后飞去了香港。孙越崎正式脱离国民政府。

此时邹明任中国石油公司甘青分公司（即玉门油矿）经理，他也赞成把资源、设备都留在大陆。西北长官公署却力主炸毁油矿，邹明飞港，请孙越崎协助。孙越崎即电在北平的邵力子等人，联系人民解放军，请尽快进军玉门，以免油矿受损。邹明回去后当即组织全矿职工护矿，9月25日终迎来解放，玉门油矿完好地移交给了新政权。

孙越崎自己没有太多积蓄，辞去国民政府职务后便没了收入。卢作孚十分了解孙的为人，以民生公司顾问名义，每月给孙1000元港币，足够其过上较为体面的生活。

1949年11月，孙越崎发动在香港的资源委员会国外贸易事务所员工成立了"保护矿产品委员会"，并于当月14日通电全国宣告起义，

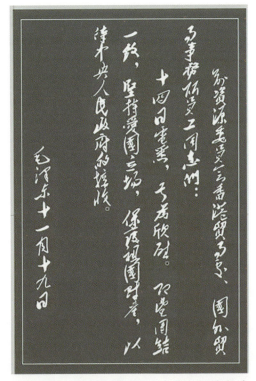

毛泽东欢迎在香港的资源委员会国外贸易事务所员工起义的电文

脱离国民政府，拥护新成立的中央人民政府。大量的稀有矿产免受损失，毛泽东对此复电嘉勉。

孙越崎将所属近千个大中型工矿企业及数万名科技、管理人员完整地移交给新中国。此举对于动摇和推翻国民党的反动统治，对于新中国成立后国民经济的恢复和发展，对于争取国家财政经济状况的好转，奠定了一定的物资储备基础。尤其可贵的是，这次起义留下了大量的技术人员和管理人员，这些人才对于其后新中国的社会主义建设是一笔宝贵的财富。

1949年11月4日，起义各项工作就绪后，孙越崎携妻带子，离开香港，乘船经青岛、天津北上，投入新中国的怀抱。后来得知，蒋介石曾派四艘小军舰拦截他，因错截别船，孙越崎得以幸免。蒋介石抓孙不成，即开除其国民党党籍并对其进行通缉，至蒋介石去世，该通缉

令也未撤销。

　　1938年，北洋同学曾养甫介绍孙越崎加入国民党，1945年时孙已经成为候补中委。自开创玉门油矿后，蒋介石发现孙越崎是难得的人才，因此颇为器重。蒋介石对孙越崎有提携之恩，孙越崎是知恩图报之人。但是，孙没"愚忠"思想，对他来说，国家利益至高无上。他后来说："论私，我背叛了蒋介石；论公，我没背叛国家。"

　　当然，资源委员会能留在大陆，孙越崎功不可没，但也是人心所向的结果。试想，如果没有那么多挚爱祖国的各级职员支持，如此大规模的起义行动绝无成功可能！孙越崎不止一次说："我不过是走了一次群众路线。"这的确是肺腑之言。

第十章　忠诚担当　壮心不已

　　孙越崎1949年11月到达北京后，受到周恩来总理接见。随后接到任命，担任中央人民政府财政经济委员会计划局副局长兼基本建设处处长。财经委主任是陈云，计划局局长是宋劭文，副局长四人，其中三人为党外干部，分别是孙晓村、钱昌照、孙越崎。此外，在这里工作的人员中有一批是原资源委员会的高级职员，在三年经济恢复期和第一个五年计划期发挥了重要作用。

　　孙越崎负责分管三个处，分别是基本建设处、天然财富处和轻工业处，重点是基本建设处。当时新中国已开始大规模建设的准备，这是他梦寐以求的，工作特别努力。他对陈云衷心佩服，觉得新生的人

1949 年 11 月，中央人民政府任命孙越崎为中央财政经济委员会计划局副局长的任命通知书

民政权那么快就能控制住国民党政府当时无法控制的恶性通货膨胀，太了不起了！须知，解放战争时期，国民党为了应付庞大支出，毫无节制地滥发货币，导致恶性通货膨胀。孙越崎近距离观察过国民党的"应对"：缺乏对策，束手无策。陈云作风民主，同时又很果断，从不议而不决。孙越崎他们曾说："见陈云，可以解除'武装'（能畅所欲言之意）。"陈云多次向孙越崎询问工矿、资源情况，孙均能详细准确回答，因此很受重视。

1952年7月，随着政府机构进行大调整，计划局正式撤销。孙越崎愿下基层、去煤矿，于当年年底分配到当时全国最大的煤矿——唐山开滦煤矿任总管处第三副主任。从1952年到1959年，孙越崎多次下井，对开滦的井井巷巷很是熟悉。由于他懂技术和生产，提出了不少有益的意见和建议：改井下骡马化为机动化、提效、改善环境；改干式风钻为湿式，保护工人健康……这些意见和建议取得了很好的效果，孙也在全矿赢得了很高的威望。

开滦煤矿（现为开滦博物馆、开滦国家矿山公园）2018年入选第一批中国工业遗产保护名录。图为开滦国家矿山公园园区

"文革"开始后，孙越崎受到冲击，直至1973年得以行动自由。他用补发的工资，带着老伴儿自费旅游，去了西北、西南、中南。回京后，又用爬香山的方式庆贺自己80岁生日。1975年他们又游华东，参观了浙江新安江水电站。

1976年7月28日凌晨，唐山大地震发生了。孙越崎和王仪孟正在睡梦中，来不及逃离，被埋废墟下，所幸没有伤及生命。孙越崎当时已经83岁了，极其清醒，很是镇静，待外部传来救援声音，才大声呼救，终被救出。从此戏称自己"出土文物"。

孙越崎因肋骨骨折，住进北京医院。副院长韩宗琦是孙越崎在旧金山相识的挚友韩文信之子，他和邓颖超熟悉，把孙越崎的情况告知。邓颖超给予了多方关怀。地震后孙的房子成为废墟，无处可住，邓颖超又想办法协调解决了住房问题，孙真心感激。

中共十一届三中全会以后，开始全面拨乱反正。一些受到不公正待遇的原资源委员会人员及亲（遗）属给孙越崎写信，请他帮助向中央有关部门和领导反映情况，尽快为他们落实政策。

此时的孙越崎已担任国家煤炭工业部（注：国务院原组成部门）的顾问。收到这些来信，孙越崎对原资源委员会这些同事、朋友的经历和遭遇有了更深入的了解，内心很不平静。他不顾自己年事已高，为此四处奔走、多方呼吁，要求给原资源委员会有关人员平反、落实政策。

1992年初，几近百岁的孙越崎又提起笔给时任中共中央总书记江泽民写信。信中，孙越崎列举了大量事实来说明原资源委员会1949年的护厂护产行动是"起义"行为。

1992年3月16日，乍暖还寒的初春时分，江泽民同志亲自邀请孙越崎到中南海面谈，共进晚餐。江泽民同志充分肯定了孙越崎领导资源委员会起义的历史功绩，告之中央对资委会问题很重视并提出了解决办法。之后，孙越崎赠送给江泽民同志自己书写的唐朝诗人杜牧的《山行》："远上寒山石径斜，白云生处有人家。停车坐爱枫林晚，霜叶红于二月花。"

远上寒山石径斜　白云生处有人家
停车坐爱枫林晚　霜叶红于二月花

江总书记教正　杜牧·山行

老人孙越崎谨书　一九九二年冬

孙越崎书写的《山行》

当年10月7日，中共中央有关部门在北京召开了原资委会部分代表座谈会。会议充分肯定当年在孙越崎等人领导下资委会人员护产护矿、将所属工矿企业及财产移交给新中国，是正义的爱国行动，是有功劳的。新华社对此发布了新闻消息。

1993年5月，中共中央有关部门发出通知，要求将原国民党资源委员会部分人员按中共地下工作人员对待。至此，孙越崎为原资委会有关人员落实政策一事画上了圆满的句号。这一年，孙越崎整整100岁了。

第十一章　耄耋诤友　肝胆相照

中华人民共和国成立后，孙越崎于1950年经邵力子介绍，加入中国国民党革命委员会（简称民革），历任民革第三、四届中央委员，第五、六届中央副主席，第七届中央监察委员会主席，第八届中央名誉主席等职，是第二至四届全国政协委员、第五至七届全国政协常委，担任过中国和平统一促进会会长、欧美同学会名誉会长多个社会职务。他积极参政议政，利用自己的专业和所长，积极为党和政府建言献策，提出诸多真知灼见，受到党和国家的重视，被誉为中国共产党的"诤友"。

1983年，90岁高龄的孙越崎，率领民革支边小组前往内蒙古，对当地煤、钢、电的生产建设和互相协作进行调查研究，并对调查中发现的问题向党和政府建言。围绕煤炭法制工业建设，他积极向中共中央有关领导人建言煤炭立法事项，推动《煤炭法》的起草。

民革六届五中全会上，民革中央主席、副主席、监委主席、副主席合影。右三为孙越崎

1988年，孙越崎被任命为全国政协经济委员会第一副主任，同时兼任三峡工程专题组组长。围绕"长江流域综合治理规划及三峡工程问题"他查阅了大量有关长江流域和三峡工程的资料，率领以全国政协委员和专家们组成的长江流域综合治理和三峡工程调查组，对长江中上游各地进行了38天的调查。考察组到处看、问、听、记，多地实地调查，审慎研究。回来后提出调查报告，请中共中央审阅，并在论证会议上多次作长篇发言，就长江流域综合治理和三峡工程建设中涉及的防洪、发电、航运、南水北调、生态环境保护等一系列问题，犀利而又准确地指出原工程方案中的不足之处，向中共中央和国务院提出完善方案的建设性的意见和建议，从而促进各方对三峡工程建设认识的进一步深入，推动三峡工程论证工作更加科学化、民主化，有助于中共中央更加科学决策。

孙越崎还应邀担任了国务院进出口管理委员会的特邀顾问，这个机构是负责经济特区建设的，主任由时任国务院副总理谷牧兼任。孙越崎很感激谷牧给他这个贡献知识和经验的机会，几乎每会必到，次次发言。年

1983年8月，90岁高龄的孙越崎和民革中央四化服务工作委员会到
内蒙古自治区对煤矿的生产发展进行调查研究和技术指导

轻时候丰富的生产经营管理经验让孙越崎能够提出许多独具创意的见解，与会者均对他钦佩有加。

孙越崎还为开展两岸交往，促进和平统一奔走呼吁。1988年9月22日，由社会各界人士组成的促进中国和平统一的民间团体"中国和平统一促进会"在北京宣告成立，孙越崎与卢嘉锡、吴国桢、荣毅仁、侯镜如、宦乡、钱伟长、程思远等当选为中国和平统一促进会第一届理事会会长（其中钱伟长为执行会长）。他两赴香港，通过电话与在台湾的张群、陈立夫等人共叙友情，互致问候。在香港参加活动期间，他呼吁："海峡两岸的隔离隔阂，是历史原因造成的，当务之急是要为民族的利益，尽快完成祖国统一大业，越快越好，这是我这个百岁老人最后一次对年轻人要说的……"

1988年9月22日，《人民日报海外版》刊登了中国和平统一促进会在京成立的消息

1988年9月23日，中国和平统一促进会会长钱伟长、程思远、孙越崎、吴国桢在北京举行中外记者招待会

1992年10月16日，孙越崎虚龄百岁，民革中央、中国统配煤矿总公司、中国石油天然气总公司等多家单位在北京举行百岁华诞祝寿会，为孙越崎祝寿。时任中共中央政治局候补委员、书记处书记、中央统战部部长丁关根代表中共中央向孙越崎祝贺百岁寿辰。

同时，在朱学范、钱伟长、程思远等20多位各界知名人士倡议下，孙越崎科技教育基金成立。其宗旨是纪念孙越崎为中国工矿事业作出的突出贡献，继承并发扬他发展科技教育、振兴中华的宏伟愿望，支持和资助能源教育活动、培养人才、奖励有突出贡献的科研人员，促进中国能源科技教育事业的繁荣和后备人才的成长。该基金设能源科学技术奖，每年举行一次评奖、颁奖活动，至今已连续举办二十余年，千余名优秀的中国能源人才获得奖励，其中多人当选中国科学院或工程院院士，为中国能源领域科技创新发展作出重大贡献。

1993年10月13日，时任中共中央政治局常委、全国政协主席李瑞环和全国政协副主席、中共中央统战部部长王兆国在中央统战部宴请孙越崎及其家人，为孙越崎祝贺百岁寿辰。李瑞环在祝酒时说道："孙越崎所经历的100年是中国历史上极不平凡的100年。在重大的历

1992年10月16日，孙越崎与费孝通、程思远等人在百岁华诞庆贺会上

史转折时刻，孙越崎都作出了正确的选择，毅然站到党和人民大众一边，为新中国的经济建设和发展留下了一笔宝贵的财富。孙越崎的历史功绩，党和人民是永远不会忘记的。"孙越崎起立，站着作了20分钟即席讲话，畅叙一生，条理清晰，生动感人。话音刚落，全场所有人立即报以长时间的热烈掌声，为这位百岁寿星衷心祝福。他创议成立的复旦校友世界联谊会，也特意将第三次大会安排在此时的北京举行，为的就是一并祝贺他百龄寿辰。

孙越崎一生中在许多地方工作或生活过，对这些地方他都怀有感情，但最为怀念的依然是故乡。晚年思乡之情更切，一心想念那里山清水秀的山村，但始终未能成行，这成为他的一大憾事。在1985年5月19日致友人的信中，他说："弟久有意返绍一行，因离乡很久，现在绍兴各业蓬勃发展，旧貌换新颜，应该回来看看，并与各乡亲故友把晤畅谈，但因此间杂务羁身，一时难定时间。"

1995年12月9日，孙越崎在北京病逝，享年103岁。与他风雨同行近70年的老伴王仪孟也于1996年1月10日因病去世，前后相隔仅月余。

孙越崎生前多次表达过死后不举行任何纪念活动，一切从简，骨灰用作肥料。但由于希望和他告别的人很多，最后有关方面还是在八

1990年，孙越崎在复旦大学校友会上讲话

宝山举行了一场遗体告别仪式，江泽民、朱镕基、吴邦国、温家宝等党和国家领导人参加了告别仪式，陈立夫等国民党政要人士从台湾发来唁电和寄来题词，表达悼念和尊敬之情。

孙越崎子女谨遵遗嘱，将他的骨灰安葬于北京福田公墓的一株雪松下面。后因墓地改造，其子女亲自护送骨灰返回故乡落葬。2012年9月16日，越崎中学师生代表与孙越崎亲属一起举行了简朴的仪式以追思怀念。自此，孙越崎，这位绍兴山区的儿子，在20岁离开故土，历经坎坷起伏，实现爱国图强、实业报国的光辉一生后，终落叶归根、魂归故里。

孙越崎的一生，是爱国的一生，是追求真理、不断进步的一生，是为国家和人民不懈奋斗的一生。他追求光明、鞠躬尽瘁、献身祖国工矿事业的一生，反映了一代中国人的奋斗历程；他忠贞不渝的爱国思想、脚踏实地的敬业精神、清廉朴素的生活作风，堪称典范。孙越崎真正做到了"尽毕生精力为中华工业，倾全部知识图社会振兴"的

1995年春节，孙越崎夫妇合影

夙愿。有一副对联："图强国心系实业呕心沥血几十载终成工矿泰斗，怀壮志魂存中华忧国爱民一百年堪称学界楷模"，可谓是对孙越崎先生一生的高度总结。

绍兴孙越崎纪念馆概说

忠贞爱国

越崎人生

宋平题

浙江省绍兴市柯桥区是孙越崎的故乡。

绍兴位于浙江省中北部、杭州湾南岸，地处中国长三角地区，是首批中国历史文化名城之一，下辖越城区、柯桥区、上虞区、诸暨市、嵊州市和新昌县。绍兴拥有2500多年的建城史，文化底蕴深厚。这里是越文化的发祥地，书法、绘画、越剧、绍剧、黄酒、越瓷等代代相传。绍兴历代人才辈出，涌现了一大批政治家、思想家、文学家、艺术家、科学家，古代如勾践、王充、王羲之、陆游、徐渭等，近代如秋瑾、蔡元培、鲁迅、马寅初、周恩来等，毛泽东曾留下"鉴湖越台名士乡"的赞语。

出生于绍兴会稽山中平水镇同康村的孙越崎，是绍兴近现代一位杰出的乡贤名士。为缅怀这位绍兴人民的优秀儿子，1996年，当地政

越崎中学校园内的孙越崎像

府决定在孙越崎的出生地、南部山区的两所普通高中（1956年创办的平水中学、青陶中学）合并，创办了一所以他名字命名的中学——越崎中学，现为浙江省一级重点中学，校内设有"孙越崎纪念馆"。

2014年，柯桥区①档案馆开辟场地专门建立了孙越崎纪念馆，陈列着与其相关的档案、照片及字画等近8000件，非常详细地展示了孙越崎的一生。该馆目前是绍兴纪念孙越崎先生的一个主要场所，已经在2020年被绍兴市政协设立为"同心教育基地"，成为绍兴宣传中国共产党领导的多党合作和政治协商制度的重要场所之一。

柯桥区档案馆内的孙越崎纪念馆属于档案馆内的专业档案陈列馆，展品都是珍贵的历史档案，基于档案保管和安全等需要，纪念馆日常并不对外开放接待参观。如需参观，需提前联系预约，参观时间为周一至周五的工作时间。

2020年4月10日上午，绍兴市政协党组副书记、副主席冯建荣一行赴绍兴市柯桥区档案馆，出席市政协在孙越崎纪念馆设立的"同心教育基地"揭牌仪式，并参观了孙越崎纪念馆

---

① 2013年国务院批复，同意撤销绍兴县，设立绍兴市柯桥区。下文中涉及行政区域名称时，依据时间先后，称谓上有所不同。

一、绍兴孙越崎故居情况简介

　　纪念一个人物并展示其生平，故居是最为理想的场所。但因为种种原因，孙越崎在绍兴的故居现已无存。

　　孙越崎老家原在嵊县东土乡廿八都孙岙（今柯桥区王坛镇孙岙村）。在两百多年前的清中期，孙越崎祖上迁至绍兴府会稽县稽东镇同康村。据同村上孙家老人介绍：孙家从王坛镇孙岙迁徙到这里，从始迁祖算起到孙越崎出生那时，孙家在同康已经四五代了，约一百余年。目前在同康村秋康尚有祖辈的墓穴。据《孙越崎传》介绍，"经过几代人的努力，孙家（孙越崎一家）在村里的财富已经排名第二，有80亩水田和几百亩山林。"

　　孙越崎故居所在地位于今绍兴市柯桥区平水镇同康村上湾自然村的制高点，东、西和北三面均山体环抱。东为秦望山，西为峨眉山

今日同康村著名的"绿林竹海"

（又名鹅鼻山、石刻山），北为后山，与传统的风水要求契合。这个地形好像一把太师椅，而故居正好坐落在这把太师椅内。又因故居四周不论远近皆为山体包围，当地人又称这里为"养鱼塘"，意寓这里既聚财，又出人才。

因此地山多地少，孙家在建房子时得劈山造地，依地形地势建造房屋。当地人称孙家建造的台门（绍兴的台门类似北京的四合院、上海的石库门）为"伯记台门"。伯记台门，是一座坐北朝南、纵向展开的院落式组合的民居宅院，粉墙黛瓦，装修精致，颇具绍兴特色；房屋基础用长条石砌筑，五开间两弄，两边各有厢房三间；台门斗（指第一进）为平屋，第二进为前带廊的座楼。台门东侧有水井一眼，用于煮饭烧茶。西侧有方形水池一口，用于洗涤。1893年10月，孙越崎便出生于此。1913年，孙越崎考入上海复旦公学，就此离开家乡赴沪求学。此后，他辗转于各地，很少再回到这里。

宅子于20世纪40年代初遭大火焚毁，目前仅存台门西侧的三间二层楼房。据说这里曾是孙家的轿厅，也有说曾是孙越崎的书房。具体情形已无从考证。

关于焚毁的原因目前有三说：

一说是据孙越崎的近房亲属孙鹤盛先生（其祖父母当时与孙越崎家同住台门内）告知，故居是被日军烧毁的。当时日军在同康村烧杀抢掠，无恶不作，抢了孙家财产后，为掩盖罪证，便将孙家台门烧毁。孙鹤盛的祖父抱起褓褓中的小儿，从楼上跳后窗逃生，他一年幼的小姑来不及逃离，在这场大火中丧生。

二说是被国民党绍兴县党部指使的土匪烧毁。1941年绍兴沦陷后，国民党绍兴县党部撤至县南王坛镇，不久又转到裘村。据同康村的孙家老人介绍，在裘村的国民党县党部得知同康孙越崎家在外开金矿，经营面粉厂，认定孙家一定家底丰厚，便以抗战征饷的名义，组织当地流氓无赖向孙家要钱。当时住在宅子里的多为女眷，提早得知消息，头一天便早早地逃到其他地方躲避。那些流氓无赖来的时候鸣锣开道、大张旗鼓，好不威风，见孙家人去楼空，恼羞成怒居然点起一把火，把台门烧了个精光。

三说是由于孙家灶间起火而烧毁的。上述三种说法，持第二说的占多数。

孙越崎在绍兴城里亦曾有故居，位于越城区东咸欢河沿，当地人称之为"孙家台门"。这是同康孙家在城里购置的住宅。据孙鹤盛先生介绍，因为孙家有一房媳妇娶自城中陈家，在这位亲家的介绍下，买进了一个与陈家邻近的大台门。孙家台门为五开间三进，第一进为单层台门屋，当心间设双扇实拼大门；中间进为正楼，双层，楼下设前廊，楼上设旱廊；第三进为平屋；第三进屋后为菜园，植有高大的乔木。整座台门皆为木柱承梁，下置石质柱础，粉墙界线，青瓦屋面。室内铺地坪，室外铺二尺板，十分整洁。孙越崎在绍兴师范学堂读书期间，无论是星期天或者寒暑假，均回到这里；从北京大学矿冶系毕业后因病返乡休养的半年，也是在这里度过。据孙越崎的好友、同住咸欢河沿的朱仲华之子朱吉陀回忆，从他懂事起，这个台门里就住着孙越崎的堂弟孙毓麟及其家人。

1949年中华人民共和国成立前夕，孙家人陆续迁居外地，台门成了空关房。房子先是委托亲家——陈家代管过一段时间，中华人民共和国成立初期，一度成为咸欢河居委会的所在地。此后，又被政府收归国有，分配给多户无房的居民居住。20世纪90年代整座台门被拆除，在原地建造起多层砖混结构的住宅。

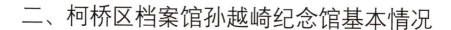

二、柯桥区档案馆孙越崎纪念馆基本情况

虽然故居无存，但故乡为纪念这位杰出的乡贤，在柯桥区档案馆内专门设立了"孙越崎纪念馆"，用于展示孙越崎生平，存放孙越崎相关的档案、资料，以永志纪念。纪念馆于2013年开始建设，2014年10月正式建成开馆。整个纪念馆建筑面积约350平方米，布展总投入109万元。

纪念馆内收录了关于孙越崎的实物及文字档案近4000件，按照载体形式和资料内容共分为13个大类59个小类。其中，生平档案类704件，煤炭事业类148件，石油事业类71件，资源委员会类348件，三峡论

2014年柯桥区档案馆搬入新馆，位于柯桥城区华齐路以南，西临体育馆，东连柯桥区公共服务大楼。新馆占地面积12160平方米（18.24亩），总建筑面积23700平方米

证类643件，社会活动类648件，人才教育类90件，其他类345件，实物类150件，字画信函类195件，书刊杂志类370本，照片2495张，音像制品49张。内容涉及：党和国家领导人签署的任命书、题词及赠予的实物礼品；国民政府时期与蒋介石、陈立夫、李国鼎等往来的相关资料和实物；与翁文灏、钱伟长等知名人士的往来书信及书画；孙越崎早年留美期间使用过的皮箱、怀表等实物。这里还馆藏有中华人民共和国成立前夕资源委员会起义的有关档案和20世纪80年代长江三峡工程建设的研究报告等，特别珍贵。

展厅内通过图文介绍、实物展出、多媒体演示、场景复原等多种形式对孙越崎生平进行全方面的展示，弘扬了孙越崎先生热爱祖国、情系家乡、心怀人民的高风亮节，成为激励家乡人民创业创新、奋发图强的思想教育阵地。

孙越崎纪念馆设在柯桥区档案馆二楼。进入区档案馆大厅正门，沿左手边的楼梯拾级而上到二楼，即可看到位于楼梯左侧的纪念馆。

纪念馆设主出入口一个，大门上方挂有匾额，上书"孙越崎纪念馆"。站于门外，迎面可见坐落在馆内入口处，高约1.6米的孙越崎人物半身铜像。铜像正后方以白色形象墙作为大背景，以浮雕形式突出绍兴的人物风情、地理地貌，并巧妙地融入了与孙越崎打了一辈子交道的煤炭、石油等元素。此外，墙上列有几排用亚克力制作的文字：上面一行是黄色的大字"孙越崎纪念馆"，下面是孙越崎的著名语录："我一生做过不少错事，但有两件事，至今认为是做得对的。第一件是抗战初期把中福煤矿的器材和人员拆迁到后方。第二件是新中国成立前夕动员资委会全体人员保护厂矿投向人民。——孙越崎"，这段文字之下是黄色的"1893—1995"字样。铜像顶部装点着的是孙越崎先生的印章图样。在灯光、红丝带及鲜花的映衬下一派庄重大气，让人不由肃然起敬。

按参观方向，进入大门左手即为序厅。序厅展墙上列有"前言"，简述孙越崎生平、历史功绩及建馆初衷："为了纪念孙越崎先生卓越的历史功绩，发扬他爱国敬业、勤奋务实的伟大精神，学习他光明磊落、淡泊名利的崇高品格，建立斯馆，扼要系统地介绍他为我国能源事业和经济建设，为实现中华民族的伟大复兴而奉献的一生，同时也表达我们对这位杰出乡贤的深切缅怀……"

整个纪念馆按时间序列分为"风华正茂，志存高远""实业报国，献身能源""冲出险滩，迎接曙光""老当益壮，矢志不移""名垂青史，芳留大地"五大部分，全面展现了孙越崎先生一生怀着实业兴国、振兴中华民族工业的理念，艰苦奋斗，百折不挠，走过崎岖道路，为我国煤炭、石油工业的开发建设和人民革命解放事业作出的卓越贡献。

孙越崎纪念馆入口处的人物半身铜像

三、柯桥区档案馆孙越崎纪念馆陈列详情

第一部分　风华正茂，志存高远

这一部分主要展示了孙越崎从出生到进入北京大学矿冶系学习期间的成长经历。

（一）"耕读世家"。该单元简要描述了孙氏家族在绍兴的变迁和农耕生活。两张绍兴平水镇同康村的照片，展示了孙家由祖籍地浙江嵊州迁入的这个位于绍兴南部山区以盛产毛竹出名的小山村的自然风貌，孙越崎在这里度过了他人生的前16年；一组孙越崎读过的书籍组图，展示了孙越崎作为家中长孙白天为家中守护山林、晚上坚持苦读诗书的好学精神；还有孙越崎父亲孙延昌的照片，其叔叔孙延渭曾就读的绍兴大通学堂，并配有文字简述叔叔对孙越崎的影响。

（二）"求学山会"。该单元反映的是孙越崎1909年考入山会初级师范简易科，毕业后义务教书一年，暂居和畅堂的一段经历。展示的照片包括山会初级师范学堂旧址和求学期间暂居的秋瑾故居和畅堂；其中一张展示的是《东莱博议》书影，是孙越崎初入师范因作文倒数第一而认真揣摩学习最终成为全班第一的参考书籍；另有武昌起义后剪掉辫子的孙越崎照片。

（三）"赴沪求学"。该单元主要介绍孙越崎在上海求学期间的经历。展示的图片包括孙越崎曾就读的复旦公学旧照、创始人马相伯的图文简介以及复旦公学改为复旦大学的情况介绍；还附有在复旦公学期间对孙越崎的价值观产生过一定影响的国文老师、被誉为"和平老人"的绍兴同乡邵力子的图文介绍。

（四）"书生意气"。该单元主要介绍了孙越崎北上求学期间发生的三件与他有关且对他产生重要影响的事情。一是"转学理科"，

以文字形式介绍了孙越崎考入北洋大学后逐渐梳理了"让中国越过崎岖而达康庄"的志愿，弃文转理立志"工业救国、科技兴国"的心路历程，并配有北洋大学及创办人盛宣怀的照片、北洋大学及其后更名为天津大学的图文介绍。二是"发动组织天津学生参加'五四运动'"，以图文并茂的形式展示了五四运动时期国内风起云涌的斗争场景和孙越崎积极组织学生参加运动的情况，配有当时默许孙越崎开展学生运动的北洋大学校长赵天麟的照片和简介。在图文介绍的同时旁边还配有一个电子屏幕，循环播放着《孙越崎与"五四运动"》的纪录短片，带领参观者重温那段包括青年学生、广大群众、市民、工商人士在内的社会各界共同参与的反帝反封建的爱国运动。三是"愤而改名"，以史料图片的形式，重现了袁世凯签订"二十一条"的那段屈辱历史，并讲述了孙越崎的思想变化："痛感国运至艰，想到中国要想摆脱外国的控制，真正地独立富强起来，恐怕是要经过很漫长、很崎岖的道路"，为了铭志他改名为"孙越崎"，立志"要救国图存，务使中国越过崎岖而达康庄，不再受帝国主义的压迫、欺辱，早日实现中华民族的伟大复兴"。

在这部分内容的展板前设有两个实物陈列柜。其一陈列的是孙越崎身前曾穿过的外衣、帽子、毛裤和围巾；其二陈列的是孙越崎在唐山开滦煤矿工作时的证件、友人赠送的助听器及孙越崎生前曾使用过的文具、剃刀和放大镜等物品。

第二部分　实业报国，献身能源

这一部分有五个单元，主要反映的是孙越崎1924年初至抗战期间的主要经历，展现了他投身工矿事业的坚强决心和艰苦奋斗精神。在此期间，他率队在陕北延安一带勘探石油，打成了中国人主持的第一口石油矿井，在荒无人烟的戈壁滩上与工人和技术人员一起，建起了中国第一座石油基地——玉门油矿，被誉为"中国的煤油大王"。

（一）"穆棱拓荒"。该单元主要讲述了孙越崎在条件异常艰苦的东北穆棱煤矿开创事业的峥嵘岁月。这一单元的图文可以分为五个部分：一是北上哈尔滨，展示了孙越崎因妻子葛采湘病故北上哈尔滨散心时参观的抚顺和本溪的煤矿、昭和钢铁厂（鞍钢）旧照；二是艰苦创业，1924年孙越崎应聘为穆棱煤矿中方首席股长时，在矿井口的照片、穆棱煤矿路矿事务所和穆棱煤矿总公司（哈尔滨）旧照及孙越崎为祝贺穆棱煤矿建矿70周年的题词"腾飞发展"；三是穆棱生活，1926年孙越崎与妻子王仪孟喜结连理，夫妻合影照片和在穆棱煤矿的住所及在住所前的留影照片；四是师长翁文灏，展示了孙越崎最崇敬的师长、也是对他一生影响最深的人——翁文灏的照片和基本情况；五是初露锋芒，展示了孙越崎亲自设计建造的穆棱煤矿2号井和他在2号井边工作的照片以及早期穆棱煤矿、煤矿铁路及创建于1924年的中俄官商合办的穆棱煤矿公司外观照片等，同时以一组穆棱煤矿1925—1930年原煤产量的柱状图示，反映了孙越崎为穆棱煤矿发展所作出的积极努力及在他的主导下煤矿产量连年攀升、成绩斐然的历史功绩。

（二）"无视学位"。该单元反映的是孙越崎去美国潜心学习矿业以及考察英、法、德三国矿业的经历。本单元中以一张世界地图展示了孙越崎远赴美国、英国、法国、德国、苏联等学习考察的线路图，同时还配有孙越崎在美国考察矿山的留影照片和我国著名牙科专家韩文信先生的图文介绍——他曾在美国帮助过孙越崎。

（三）"油涌陕北"。本单元叙述孙越崎学成回国率队在陕北延安一带勘探石油、打出了中国人主持的第一口石油矿井的丰功伟绩。展示由孙越崎任职国防设计员会时撰写的《津浦路沿线煤矿调查报告》以及孙越崎在陕北延长西门外打井旧照。同时展示的是一组孙越崎从国外采购器械从汾阳用骡车运送到军渡，转黄河水运至延长骡队运输的照片以及孙越崎和工作人员在军渡装船时在黄河边的合影。本单元的最后，展板上是红色亚克力大字"中国人第一次打出了石油"，同时配有一组图文，展示了中国人第一次打出石油的延长油矿的今昔对比照，孙越崎和同事们在陕北油矿开钻101井的开工照及与同事们在木制井架边的合影。

孙越崎纪念馆馆内场景之一

（四）"重兴中福"。本单元展示了孙越崎在焦作中福煤矿任总工程师两年期间的工作生活经历及其作出的巨大贡献。首先，展示的是由翁文灏签发任命孙越崎为中福煤矿整理专员的任命书、孙越崎起草的《河南中福煤矿整理办法》和其本人亲笔写的《忆玉门油矿创建和解放》的手稿；其次，呈现的是孙越崎在焦作的生活和工作片段，有在焦作骑自行车的照片，1936年孙越崎一家与同事及其家属子女的合影，以及在焦煤的住所；第三，以文字形式介绍了孙越崎在中福煤矿实现"四个一百万"的工作经历；第四，展示了中福煤矿现貌照片和英福公司时期的李封矿、王封矿旧照，《焦作煤矿志》书影和其中记载的孙越崎改善员工福利的史料文字；最后，展示的是他曾兼任董事长的焦作工学院的图文和该校培养出的一批杰出的矿业专家代表吴京、张沛霖、李恒德等人的照片。

（五）"抗战内迁"。这个单元讲述抗战期间孙越崎把中福煤矿的器材和人员转移南下，坚持在大后方埋头苦干油矿事业的热血传奇，内容大致分为三类。

首先，介绍的是孙越崎在大后方将中福煤矿与天府煤矿合并、扩建出四个煤矿并担任总经理进行生产管理的经历，展示有天府煤矿封山平峒照片、天府煤矿公司外貌照片、孙越崎担任四矿总经理期间的留影、在武汉结识并与之成为合作伙伴和好友的卢作孚个人图文介绍、天府煤矿建成中国第一部火车头的图文介绍、1950年天府煤矿公司召开统计工作会议旧照以及昔日天府煤矿运煤码头景象，中间穿插展示介绍了抗战期间孙越崎为保护中福煤矿决定将设备内迁的一段经历和重要意义，有孙越崎力劝董事会将设备内迁时的原话以及为保护资产遭到当地国民党党部诬陷的公函和伪造的诬告信的照片。

其次，介绍的是孙越崎一家在北碚的生活情况，展示了孙越崎在金刚碑的住宅，孙越崎长女用"砂滤缸"取嘉陵江水供家用的照片，孙越崎夫妇带长女、幼子在金刚碑小山坡上的合影和天府煤矿缙村子弟小学旧照。

最后，介绍的是玉门建功。展板上最先映入眼帘的是一张孙越崎的全身油画作品，旁边配有孙越崎的诗句："关外荒漠接远天，出关人道泪不干，移沙运土植杨柳，引得春风到油田。"

接着展示的有孙越崎撰写的《忆玉门油矿创建和解放》手稿的照

孙越崎纪念馆内场景之二

孙越崎纪念馆内陈列的孙越崎像

片，老君庙拓荒时期的运输驼队、老君庙油矿4号矿井井喷、1949年以前的玉门油矿旧貌照片、甘肃油矿局农场职工合影、当时工人自制的井架顿钻机等大量珍贵的历史照片以及当今老君庙矿区全貌。展厅以实景的方式，通过仿真的青砖石库门样式的玉门县城门呈现了当时玉门油田的全貌，同时展示有蒋介石视察玉门油矿的照片、当年玉门油矿运输第四队全体工作人员合影以及玉门油矿第一炼油厂外观照片等。醒目的"180万加仑"字样在图片旁反复出现，这是1941年底孙越崎为玉门油矿制定的年度生产目标。在他的带领下油矿职工发奋苦干，于1942年11月中旬提前完成既定目标。在这部分展览的最后，展示了孙越崎签发的矿场职工临时贷金办法等三份训令、后去了台湾的原甘肃油矿局人员联名为孙越崎贺百岁寿辰的银质台屏等珍贵照片，还有为赞扬玉门人创业精神而设计的"中国石油工作的摇篮"雕塑照片。

　　除了展板图文介绍，展示厅还设有九个实物展柜。

　　第一个展柜里陈列了孙越崎生前使用过的笔记本，有其收发函件登记本，其长子在20世纪40年代中期送给他的怀表，向唐山市教育局、卢作孚塑像和纪念园建造捐款收到的奖状和收据等。第二和第三两个展柜陈列的是孙越崎在新中国成立后任职计划局副局长、财经计划局基本建设处处长、中国地质工作计划指导委员会委员等职务的任命书。第四个展柜陈列的是孙越崎使用过的六枚图章、友人赠送的寿字刺绣和被面、孙越崎在开滦佩戴过的开滦矿徽和旧属赠送的"饮水思源"座牌。

第五个展柜陈列了中国矿业大学银章两枚、孙中山先生铜像揭幕典礼纪念铜章两枚、辽河油田赠送的艺术雕塑品和日式本场筑前博多织一件。第六个展柜陈列的是孙越崎写给邓颖超关于长江流域治理和三峡工程问题的发言情况报告、赴三峡考察时在重庆的汇报材料的手稿和登载在《开发长江上游水能资源专题研讨资料汇编》（第五十四期）上孙越崎撰写的《学习周总理关于治理长江黄河的教导》体会文章。第七个展柜中陈列的是孙越崎回忆穆棱煤矿工作经历时的亲笔手稿、1981年参与讨论开滦煤矿重建问题的手稿以及国民政府时期国民党宪兵司令部给蒋介石的报告——关于1941年玉门八井井喷及工人逃走事件的查实情况，并附有孙越崎发给著名矿冶专家、时任玉门油矿矿长严爽的电报。

第八个展柜中陈列的是中国和平统一促进会赠送给孙越崎的铜牌、中国科学技术发展基金会和孙越崎科技教育基金会赠送的领夹、装有孙越崎自己珍藏的1971年版的美元银币纪念品框架、石头风景的雕塑。第九个展柜陈列的是北京中山学院赠送的飞瀑风景铜条、中国地质学会赠送的从事地质工作五十年纪念瓷质徽章、1992年民革宁夏区委会赠送的印章和庆祝台湾电力公司创业百周年纪念章。

在这个版块的展板旁有个落地的玻璃展台，悬挂着友人赠送给孙越崎的书画作品，有常书鸿夫妇赠送的、珍贵的敦煌莫高窟唐人画飞天献舞图等六幅。

第三部分　冲出险滩，迎接曙光

这个版块展示了孙越崎在抗战胜利以后一心坚守实业，并在关系国家前途命运的重要历史关头做出正确的抉择，在中华人民共和国成立前夕冒着极大危险组织国民政府资源委员会员工举行起义、护厂护矿迎接解放的事迹，包括内容有：

（一）"工业梦"的破灭。本单元主要介绍了孙越崎在抗战结束后任河北平津敌伪产业处理局局长时期的经历。在本单元内容最前端，一张反映中国人民在抗日战争期间进行艰苦卓绝抗争的宣传图片，让参观者重温了那段苦难的历史，牢记历史，以增强参观者的爱国情感。随后展示了河北平津敌伪产业处理局旧址照片、1946年孙越崎视察吉林丰满发电厂与工作人员合影、为收复东北工业参观丰满水电站厂区时的留影。这部分着重以图文形式介绍了因内战爆发而中国工业遭受巨大影响使得孙越崎思想产生的变化。

（二）"叛蒋思国"。本单元讲述孙越崎以国家民族大义为重、毅然站到中国共产党领导的人民革命一边，率领他领导的国民政府资源委员会，——将近千个大中型厂矿企业及三万余名科技、管理人员完整地移交给新中国的历史壮举。该部分展示有1946年孙越崎视察阜新煤矿与工作人员的合影、任职资源委员会主任时与他人的合影、新中国成立前夕蒋介石令孙越崎把南京五大工厂（南京电照厂、有线电厂、电瓷厂、无线电厂、马鞍山机械厂）迁往台湾的电令、孙越崎下达的停止迁运的指令以及五大工厂今昔对比照片，以文字形式介绍了资源委员会的基本情况和在中华人民共和国成立前夕召开秘密会议作出"坚守岗位、保护财产、迎接解放、办理移交"的重大决策的史实，并附陈毅对资源委员会起义历史功绩的积极评价："蒋家王朝已经垮台，所有伪单位纷纷南迁台湾，伪中央部、会一级中，只有资源委员会所有人员，包括各级负责人，以及在已解放区所属各厂矿企业员工及设备器材，几乎未走一人，几乎未有一点破坏，实在是伪中央文职机构中的一个全体员工起义的团体！"

本单元还讲述了1949年孙越崎前往香港，策动国外贸易事务所起义，终迎来中华人民共和国成立，北上回国的经历，展示有在香港与孙越崎联系的中共组织的乔冠华的照片，与起义相关的报纸、信件照片，毛泽东同志对香港贸易事务所起义的批示以及资源委员会原成员、后成为中科院院士的金涛、黄纬禄的图文介绍。展板前还陈列了孙越崎曾使用过的各式大小皮箱若干。

在这一部分的图文展板前，共设有三个实物陈列柜。第一个柜中陈列的是孙越崎珍藏的石刻和寿星一套、洮河绿石砚一方、越崎中学赠送的"越崎岖以达康庄"玻璃像两尊。第二个展柜中陈列了中国国际信托投资公司纪念章、中国石油大学镀金纪念章、穆棱煤矿建矿70周年纪念章、"中国矿业大学"纪念彩色金银套章。第三个展柜中陈列的是孙越崎生前收到友人和单位赠送的礼物，有摆件、印章、装饰品等。

第四部分 老当益壮，矢志不移

这个版块展示孙越崎在中华人民共和国成立以后全心全意投入到国家经济建设，为发展祖国的煤炭工业以及推进祖国和平统一大业作出的新的贡献，包括五组内容：

（一）"新的使命"。本单元介绍了孙越崎1949年11月从香港北上后任职中央财政经济委员会及之后调任至开滦煤矿任职的经历。展示有由毛泽东签发的任命孙越崎为中财委计划局副局长的任命书、孙越崎在《人民日报》上发表的社论《没有工程设计就不能施工》原件、在中财委工作期间和原资委会同志的合影、1959年孙越崎在北京颐和园休养时的家庭合影、调任开滦煤矿时孙越崎在超产祝捷大会上讲话的照片，以及孙越崎亲自下井百余次和时任开滦煤矿党委书记刘辉的回忆文字介绍；还展示了1975年孙越崎携妻子游览祖国大好河山时在浙江新安江水电站前的合影留念。

（二）"心系能源"。本单元介绍了孙越崎经历唐山大地震九死一生后回到北京后仍然心系能源事业、积极献言献策参与祖国建设的事迹。展示有民革第六届中央委员会主席、副主席合影，孙越崎1982年就煤炭问题在香山开会时与他人的合影、1983年和民革智力支边小组开会时的照片、与原资源委员会成员在内蒙古考察时的照片、1982年在鞍钢考察时的照片及20世纪90年代初参加天津港建设论证会的照片。全面展现了孙越崎虽然年事已高，仍凭着一份赤忱的爱国之心，为前进中的中国能源事业奉献自己所有的光和热的高尚情操。

（三）"耄耋壮心"。本单元介绍了孙越崎就长江三峡工程建设率众现场勘查以及回来后撰写提交给中共中央《三峡工程近期不能上》的调研报告、推动党中央、国务院对这项工程进行重新论证的事迹。展示有孙越崎考察长江三峡及在宜昌观看三峡大坝模型的照片，在展厅中还有一个双开门玻璃柜，里面陈列着多件孙越崎关于三峡问题论证资料的珍贵文书档案，以此展现孙越崎为三峡工程的论证作出的历史功绩。

（四）"大义担责"。本单元介绍的是孙越崎为原资源委员会成员争取平反、落实政策而多方奔走呼吁的事迹，此举切实帮助了党和政府对统战政策的全面落实，妥善地解决了长期的历史遗留问题，促进了安定团结政治局面的发展。展示有孙越崎写给时任中共中央总书记江泽民要求为原资源委员会成员落实政策的亲笔信、江泽民同志接见孙越崎及原资源委员会成员的照片，还展示有孙越崎为江泽民同志用毛笔书写的唐代杜牧七言绝句《山行》"远上寒山石径斜，白云生处有人家。停车坐爱枫林晚，霜叶红于二月花"的书法作品。

（五）"致力和平"。本单元展示的是1992年10月中共中央召开落实原资源委员会有关人员政策会议的照片、原资源委员会举行护产起义的有关资料和孙越崎与原资源委员会成员的往来信件照片。此外还

孙越崎纪念馆内场景之三

展示了新华社的相关报道，报道中记录了时任中共中央政治局常委宋平以公开形式对原资源委员会历史功绩的评价等。

在这部分内容的展板前摆放着两个实物陈列柜。第一个柜中陈列的是孙越崎的用餐扣一对、孙越崎收藏的三个瓷盘、石油大学赠送的果盘和香港民生实业有限公司赠送的玉寿星。第二个柜中陈列的是寿字铜镜、旧属送的玉鼎、铜质镇纸一对以及1992年国务院三峡工程审查委员会和三峡工程论证领导小组赠送的三峡水利枢纽工程论证审查纪念铜匾。在本单元展板前还摆放着中国石油天然气总公司、复旦大学赠送给孙越崎的花瓶等实物。

第五部分　名垂青史，芳留大地

这个版块展示了孙越崎百岁风采、赢得生前身后名的历史佳话，包括两组内容：

（一）"百岁寿辰"。本单元展示了孙越崎百岁寿诞之时，党和国家领导人江泽民、李瑞环、李岚清、谷牧、钱正英等为孙越崎贺寿的照片，1992年孙越崎百岁华诞（99周岁）庆贺大会上与费孝通、程思远的合影，1993年全国政协主席李瑞环为庆贺孙越崎百岁诞辰与孙越崎及参加人员的合影，1993年孙越崎在百岁宴上的个人照片和与家人合影。同时以实物陈列的方式展示了孙越崎百岁寿辰之际收到的部分贺礼，包括：江泽民同志题词贺孙老百岁寿诞的印章，孙越崎基金会赠送的刻有"越崎万福"和"孙老百岁"的印章，友人赠送的彩色瓷盘，民革内蒙古自治区委员会暨内蒙古自治区全体民革党员赠送的黑色果盘，著名建筑学专家郭湖生教授赠送的双面绣寿星一套，亲戚赠送给孙越崎夫妇的礼品瓷盘，原工商界知名人士李文杰为孙越崎百年寿诞献词等。还有些实物悬挂在墙上：故乡绍兴县平水江乡同康村赠送的绍兴传统手工艺品王星记扇子，亲朋故旧、相关单位赠送的各种贺寿刺绣作品、贺寿的书法作品等。

（二）"英名永存"。本单元展示了孙越崎逝世后世人对其的缅怀和追忆。展示了孙越崎生前与夫人王仪孟的照片，孙越崎遗体告别

纪念馆内展览的同康村为庆祝孙越崎百岁赠送的扇子

仪式在八宝山举行时，朱镕基、吴仪、吴邦国、何鲁丽等党和国家领导人前往吊唁的照片，孙越崎在北京长眠地的雪松照片。墙上的电子屏中循环播放着展示孙越崎一生功绩的图片资料。此外，还展示有社会各界以各种形式纪念这位可敬的老人的图片或实物，包括孙越崎科技教育基金会成员合影、基金会简介和系列纪念书籍的照片，以孙越崎名字命名的越崎中学和越崎职业技术学校照片，安放孙越崎铜像的焦作工学院、中国矿业大学以及越崎中学内设的孙越崎纪念馆照片。同时，实景还原了孙越崎生前的书房，展示了孙越崎先生的遗照以及生前使用过的家具陈设、衣物饰品、书籍资料，这里还有一个四层的玻璃门木柜，摆放着孙越崎先生百岁寿诞时收到的部分贺礼。

纪念馆的结尾部分陈列的是党和国家领导人、孙越崎生前好友和至交的纪念题字。例如，温家宝的题词"爱国敬业　追求奋斗"，宋平的题词"实业先驱　党之诤友"，王兆国的题词"爱国敬业　耿直无私"，何鲁丽的题词"高山仰止　风范常存"，钱正英的题词"爱国敬业　风范永存"，杨汝岱的题词"敬业爱国　对人民负责"，钱伟长的题词"坚持真理　坦荡一生"，金开英的题词"著作等身身永在子孙维业业常存"，等等。

参观末尾处是写于墙上的"结束语"，对孙越崎的一生作了高度的概括和评价："孙越崎先生是20世纪中国历史的见证人之一，他目睹了中国从清末国事日衰，经受殖民侵略到推翻'三座大山'，以及通过改革开放国家繁荣昌盛、国泰民安的一百年。孙老一生孜孜不倦、上下求索、不懈奋斗的精神始终如一，真正做到了'尽毕生精力为中华复兴，倾全部知识图祖国昌盛'。"参观者观后可产生无限的感慨，催生向前奋进的动力。

四、民革组织对纪念馆的保护和利用

1950年，孙越崎加入中国国民党革命委员会，历任民革河北省委会主委、民革中央常委、民革中央副主席、民革中央监察委员会主席、民革中央名誉主席等职，是民革前辈之一。民革各级组织十分重视对民革前辈优良传统的学习与传承，围绕孙越崎的生平事迹和他为中国现代化建设作出的卓越贡献开展研究，从孙越崎跟着中国共产党革命、奋斗的人生轨迹中获得教育和启迪。

2011年3月，民革中央在民革全党范围内开展了"观故居，走多党合作之路"为主题的学习教育活动，位于柯桥区档案馆内的孙越崎

2016年6月1日至3日，全国人大常委会委员、民革中央副主席修福金等一行来绍兴，专题调研民革前辈纪念场馆保护利用情况。图为调研组参观柯桥区档案馆内的孙越崎纪念馆

纪念馆被列入此次开展学习教育活动的通知之中。此后，前来柯桥区档案馆参观孙越崎纪念馆的各地民革党员络绎不绝，大家都怀着崇敬的心情来缅怀这位"工矿泰斗"，重温孙越老的光辉事迹、学习他忠贞不渝的爱国精神，以此不断激励自己也要像孙越老那样，尽职责、敢担当，真正做到政治交接、薪火相传，为实现中华民族伟大复兴的"中国梦"贡献民革党员的一份力量。

　　2016年6月，时任全国人大常委会委员、民革中央副主席修福金等一行来绍兴，专题调研在绍民革前辈纪念场馆保护利用情况。调研组实地参观、调研了柯桥区档案馆的孙越崎纪念馆，并召开座谈会听取了民革绍兴市委会和纪念场馆管理单位在场馆保护利用建设中所做的工作。修福金副主席充分肯定了绍兴在民革前辈纪念场馆保护利用方面所做的工作。他指出，保护利用民革前辈故居是进行传统教育、创新思想教育的形式和载体，是传承多党合作历史的新平台，保护民革前辈故居也是文物保护工作的一部分。对如何进一步做好民革前辈纪念场馆的保护利用工作，修福金副主席提出要做好"三个统筹"，即

2016年6月2日，民革中央调研组在绍兴召开"民革前辈纪念场馆保护利用座谈会"，就孙越崎纪念馆等民革前辈纪念场馆保护利用进行研讨

2016 年 10 月 17 日，"孙越崎生平事迹研讨会暨民革前辈纪念场馆联谊会第五次年会"在浙江省绍兴市召开

统筹好民革前辈故居与当地经济发展的关系，统筹好民革前辈故居与践行社会主义核心价值观的关系，统筹好民革前辈故居与中国共产党领导的多党合作制度建设的关系，要全面贯彻习近平总书记在全国文物工作会议召开之际提出的"保护为主、抢救第一、合理利用、加强管理"的十六字工作方针，树立抢救意识，健全管理机构，解决产权资金问题，加强资料搜集，充实馆藏内容，创造升级条件，促进长远发展。

2016年10月，"孙越崎生平事迹研讨会暨民革前辈纪念场馆联谊会第五次年会"在绍兴召开。时任全国人大常委会委员、民革中央副主席修福金出席会议并讲话。浙江省政协副主席、民革浙江省委会主委吴晶，绍兴市政协副主席、中共绍兴市委统战部部长倪善贵，绍兴市政协副主席、民革绍兴市委会主委余利明等出席会议。孙越崎的亲属和曾经工作过的单位，孙越崎科技教育基金委员会，民革前辈纪念场馆联谊会理事单位代表，来自全国各地的专家、学者等百余人一同参加会议。会议开幕式由时任民革中央宣传部部长吴先宁主持。修福金在会上强调，民革各级领导干部和广大党员要从孙越崎跟着中国共产党革命、奋斗的人生轨迹中获得教育和启迪，学习继承孙越崎矢志不渝的爱国主义精神、坚持中国共产党领导的政治立场、积极履行参政党职能的宝贵经验，不断夯实共同政治思想基础，努力提高民革参政议政工作水平，为推动中国共产党领导的多党合作事业不断发展发挥积极作用。

民革前辈纪念场馆不仅是民革党史教育的重要平台，更应该成为向社会大众弘扬爱国主义精神、展示多党合作历史的生动课堂。近年来，民革绍兴市委会不断加强与孙越崎纪念场馆及其管理单位的联系联络，不断扩大活动教育覆盖面，通过多种方式积极向社会各界呼吁，提升纪念场馆的影响力、知名度和社会关注度，共同努力推动场

邵力子故居位于陶堰镇陶堰村188号，是"和平老人"——著名爱国民主人士邵力子的出生地及少年时期的生活处所。故居在2013年重新修建、布展，2014年开始免费对外开放。图为邵力子故居一楼前大堂内的邵力子半身像

馆的保护利用、建设发展。

绍兴市社会主义学院已将孙越崎纪念馆列为教育基地，将实地参观学习作为教育培训中的重要一课，多次组织骨干培训班成员前往，加深学员对以孙越崎为代表的著名爱国民主人士和中国共产党领导的多党合作制度的认识。目前，民革绍兴市委会还积极争取中共绍兴市委统战部的支持，向中共浙江省委统战部申报，拟将孙越崎纪念馆和当地另外一处民革前辈故居——邵力子故居列为浙江省统战系统廉政文化教育基地，使之成为全省统一战线深入开展坚持和发展中国特色社会主义学习实践活动的重要场所之一。

随着孙越崎纪念馆管理利用开发工作的不断推进，随着民革前辈宝贵精神财富的不断挖掘、展示、宣传，孙越崎纪念馆必将成为学习孙越崎生平事迹、研究近代中国民族实业的发展历史，更好地继承和发扬民革前辈的光荣传统，弘扬爱国主义精神、展现绍兴地域人文特色的重要场馆和宣传平台。

五、越崎中学的孙越崎纪念馆简介

在绍兴，还有一处纪念孙越崎的场馆，那就是位于柯桥区平水镇越崎中学内的"孙越崎纪念馆"。

（一）越崎中学创办经过

随着绍兴地方经济的快速发展，20世纪90年代，绍兴地方政府相继提出了"建设教育强县""振兴山区教育，推动教育强县建设"等口号。1995年孙越崎在北京逝世。当地为了纪念这位绍兴籍爱国志士、工矿泰斗，弘扬越崎精神以教育后代，决定在绍兴山区建造一所设施一流的高级中学以示纪念。

1996年4月，应绍兴县人民政府之邀，全国政协原副主席、时任北京市政协副主席的孙孚凌、孙越崎之女孙叔涵女士等一行十多人来绍兴考察了山区教育。同年6月，绍兴当地党政领导一同前往北京向孙

越崎中学于1997年9月落成开学，现为浙江省一级重点中学

越崎家属介绍了创建越崎中学的构想和规划。孙家亲属对家乡发展教育、重视运用孙越崎的精神教育激励后代的做法十分肯定，提出也要为家乡教育出一点微薄之力，并决定将孙越崎生前的一点积蓄全部捐献给家乡的教育事业。

1996年8月1日，绍兴县人民政府正式发文，成立越崎中学筹建小组，将绍兴南部山区孙越崎家乡的两所普通高中（平水中学、青陶中学）合并，易地新建越崎中学。1996年11月，建筑队伍进驻工地。经过半年多的紧张施工，1997年8月校舍工程顺利竣工并通过验收。1997年9月1日，越崎中学正式落成开学。校名由时任中共中央政治局常委、全国政协主席的李瑞环亲笔题写。校内设有"孙越崎纪念馆"，馆匾由时任全国政协副主席、倡议发起人之一的钱伟长亲笔题写。学校校训"爱国、勤学、敬业、健身"，由时任中共绍兴县委书记陈敏尔题写。1997年越崎中学开学时，孙越崎的亲属还将其生前的积蓄、政府的抚恤金等共计40余万元全部捐献，作为师生奖励基金。

（二）越崎中学的孙越崎纪念馆

越崎中学建校时专门配套建立了孙越崎纪念馆。馆内主要陈列了反映孙越崎生活成长、求学创业、发展事业、参加社会活动的照片，党和国家领导人的题词、社会各界知名人士手迹，以及其家属提供的孙越崎的部分遗物。纪念馆大门口内安放有孙越崎的半身铜像，并展示了江泽民同志与孙越崎的合影。

纪念馆约300平方米，陈列内容分六部分，分别为第一部分"山的儿子、山的性格"，第二部分"历经艰难的实业救国之路"，第三部分"惊人的胆识、历史的抉择"，第四部分"高风亮节、终其一生"，第五部分"老骥伏枥、壮心不已"，第六部分"造福人民、魂归大地"。纪念馆以有限显无限，以生动说抽象，用一张张照片、一件件实物，生动地展现了孙越崎的开阔胸怀、清谦朴素和为祖国的建设发展任劳任怨、献计献策的爱国情怀。该馆现为浙江省爱国主义教育基地。

（三）"越崎精神"的传承与发扬

作为以越崎先生名字命名的学校，学校在建校之初，就致力于把弘扬"越崎精神"作为学校德育工作及校园文化的主调，积极营造健康、向上、文明、优雅的校园氛围，努力创造和优化校园育人环境。以"执着真诚、忠贞不渝的爱国情操，奋发进取、无私奉献的敬业精神，清廉朴素、坦荡正

越崎中学内孙越崎纪念馆，馆名由钱伟长题写

直的人品作风"为核心的"越崎精神"是越崎中学十分宝贵的教育资源，也是越崎中学特色教育的主体部分。

为了深度挖掘这一宝贵的人文资源，使"越崎精神"真正深入人心，内化为每个越中学子的精神品质，学校开展了丰富多彩、寓教于乐的主题教育活动，通过"越崎精神"陶冶学生情操，提升学生品质。

每年新生进校，学校都会组织"越崎精神教育周"活动，以不同形式向学生宣讲"越崎精神"，活动包括：组织学生参观孙越崎纪念馆，在孙越崎雕像前宣誓，举办"越崎精神"报告会，开展"知越崎生平、扬越崎精神、做越崎新人"征文比赛和演讲比赛。除了学生，每位新分配或新调入越崎中学的教师，到岗后的第一项任务也要去参观孙越崎纪念馆，为他们打上"越中人"特有的印记。

为延伸"越崎精神"教育，拓展"越崎精神"教育载体，学校还把周边的名人故居如陈伯平故居，博物馆如中国酱文化博物馆，具有代表性的工矿企业如平水铜矿、平水硫酸厂等作为学校德育实践基地，定期组织学生参观，加深学生对家乡的情感与风土人情的了解，

越崎中学内孙越崎纪念馆内场景

认识到科技的力量和敬业奉献的重要性，培养学生热爱家乡，热爱祖国的思想感情；每年学校还会组织开展"孙越老故乡行"实践活动，组织学生参观考察"竹笋之村"——平江同康村，了解先辈创业的艰辛、事业有成的不易，加深学生对"越崎精神"中"清廉朴素的生活作风"的理解，激发学生不断奋发进取、积极向上。

2004年，学校编印了校本课程《大山之子》，开设了以"越崎精神"传承与发扬为主题的思想品德课程。该教材主要介绍了以孙越崎为代表的近代绍兴南部山区的名人事迹，是一部激励广大学生热爱家乡、报效祖国、增强社会使命感和责任感的特色教材。

学校还在学生中成立了"孙越崎研究会"等学生社团，组织学生进一步研究挖掘"越崎精神"。学校希望通过"越崎精神"的研究与传播，让"越崎精神"丰富"越中人"的精神家园，时刻激励着越中师生向新的高度不断攀登。

在每年清明节前，学校会开展一次"清明祭越崎"活动。纪念活动中，校长或副校长会宣读祭文，全校学生在孙越崎铜像前进行宣誓，仪式简短而又庄重，教育意义深远。

此后，学校还主编了《"越崎实业精神"的传承与发扬》等校本德育教材，并以此开设了同名课程，旨在将"越崎精神"发扬光大。该课程是一门综合实践活动类课程，自始至终都贯穿着"知越崎生平、扬越崎精神、做越崎新人"的德育教育主线，内容分为"越崎精神"的传承与研究和"越崎精神"的发扬与实践两大模块，具有浓厚的越崎中学校本特色。

学校还特别注重在校园文化的营造中突出"越崎精神"。从广场上矗立着的5米多高的孙越崎先生雕像，到全面开放的孙越崎纪念馆，从每天播放的激越高昂的越崎中学校歌到一组组反映"越崎精神"的绘画及写有名人名言的灯箱，构成了校园内一道亮丽的"越崎"风景线，都对学生时刻发挥着潜移默化的激励作用。

"越崎岖以达康庄"，这是孙越崎先生用来自励的名言，现在，正在激励着一代代越崎人不断前行。

2020年，越崎中学开展网上"清明祭越崎"，以别样的方式祭奠孙越崎，表达怀念和敬意。学校中层及以上领导保持安全距离，列队于越崎广场，致敬缅怀。2000余名越崎师生通过在线视频观看，遥寄追思

逸闻轶事

愛國敬業

耿直無私

為孫越崎紀念文集題

一九九二年青十青王兆國

共产党领导我们越崎岖而达康庄

孙越崎

　　伟大的中国共产党诞生整整70周年了。70年来，共产党领导人民为民族的解放和国家的富强，前仆后继、英勇斗争，取得了举世瞩目的辉煌成就。我是一名年近百岁、饱经沧桑的老知识分子，每当回顾自己一生所走过的道路，心中充满了对共产党无限的敬仰和爱戴之情。

　　我出生于1893年，当时的中国已沦为半封建半殖民地社会。后来爆发了中日甲午战争，以后又有八国联军入侵，每次都以中国惨败、割地赔款而告终。辛亥革命推翻了腐败无能的清政府，结束了我国长达两千余年的封建帝制。当时我刚19岁，还很幼稚，以为中国从此就会好起来了。谁知随之而来的是袁世凯窃国，军阀混战，依然是国无宁日，民不聊生。我在失望中，愤而将自己的原名"毓麒"改为"越崎"，表达对国家、民族前途的忧虑，希望能够早日越崎岖而达康庄。我在天津北洋大学读书时，曾参加五四运动，以后又远涉重洋，留学美国，专攻矿业，立志以实业报国。北伐战争以后，我觉得国家总该进行和平建设了，但是，事与愿违，国民党政府的腐败、专制不逊于北洋政府，自己的一番抱负仍难实现。

　　1937年，抗日战争全面爆发，中华民族到了最危急的关头。那时我刚从欧洲考察归来，出任河南焦作的中福煤矿总经理。日寇侵入河南后，我努力说服中原煤矿公司董事和英国福公司代表，全力组织全矿员工，冒着敌机轰炸的危险，将全部机器设备拆迁并抢运入川。在

101

此基础上，办起了天府、嘉阳、威远、石燕四个煤矿，我任总经理，为抗日后方工业及民用燃料供应和航运作出了贡献。1940年，为了打破日寇对我抗战后方的封锁，解决油源断绝的严重困难，我受命出任甘肃玉门油矿总经理。在技术落后，物资缺乏，所有港口均被封锁的困难情况下，只用两年时间，就在荒漠的戈壁滩上建成了一座新型的玉门油矿，支援了抗战。当时我和千千万万爱国知识分子一样，心中只有一个愿望：早日打败日本侵略者，重建祖国，振兴中华。

抗战胜利后，严酷的现实再次使我失望了，蒋介石政权在美帝国主义的支持下，悍然发动全面内战，把呕待休养生息的几亿同胞重新拖入战火之中。铁的事实使我认识到，国民党已尽失人心，它的反动统治是造成国家灾难的根源。同时，在共产党那里，我看到了国家的前途和希望，共产党人清正廉明、大公无私、全心全意地为人民办事。尤其令我感佩的是，即使在战争的情况下，共产党也没有忘记今后国家的建设问题，千方百计地保护经济设施，延揽各方面的建设人才。通过这样鲜明的对比，再联系自己几十年所走过的崎岖道路，我体会到，继续追随国民党，是没有出路的。只有在共产党的领导下，国家才能强盛，个人才有前途。因此，在历史转折的关键时刻，我甘愿抛弃国民党政府给予的高官，毅然决定脱离国民党阵营，投向人民。国民党政府从大陆败退台湾前夕，我拒绝了蒋介

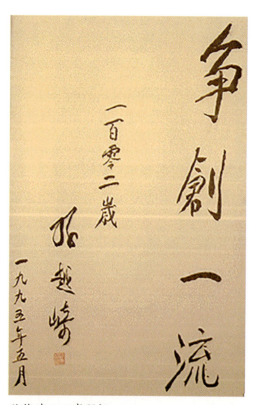

孙越崎102岁题词

石的多次命令。冒着生命危险，动员和率领三万多名技术人员（包括60%的高级知识分子和留学生），约70万员工集体投向共产党，使近一千个重工业企业、矿山完整地回到人民手中，大批科技人才留在大陆成为建设的骨干。

中华人民共和国成立后，承党和人民的信任，我受命担任政务院财经委员会计划局副局长，并经周总理亲自提议，推荐为第二届全国政协委员。参与国家大政方针的协商和蓬勃兴起的社会主义事业的实践，使我经过半生的追求，终于得到光荣的归宿，内心感到十分欣慰。

新中国成立40多年来，尽管我们在前进的道路上也经历了不少曲折，甚至走了一些弯路，但是，中国共产党领导全国人民在社会主义建设各条战线上所取得的辉煌成就，是举世公认的。特别是实行改革开放政策的10多年来，各项建设事业更是迅猛发展。我是搞了一辈子能源和重工业建设的，深深了解取得这样的成就是多么伟大，多么来之不易。

我在人生的历程中已经度过了98个春秋。从青少年时代起就立志报国，经历过多次的失望，只有在中国共产党的领导下，我国才真正摆脱了帝国主义的奴役，独立自主地进行和平建设。我庆幸自己一生的夙愿在晚年终于得到实现，亲眼看到中国共产党领导我们越崎岖而达康庄。

（原载《团结》，1991年第5期。）

天津五四运动的回忆

孙越崎

　　我原名孙毓麒，是1916年在上海复旦公学毕业后考入北洋大学采矿系的。1919年五四运动发生时，我是天津北洋大学学生会会长，参加了这场伟大的革命运动。

　　北洋大学的校址在西沽，距市中心较远，大门上刻有"国立北洋大学堂"七个大字。实际上，校长的任免和经费的拨付均由直隶省管。教授全是美国人，只有物理、化学实验室和野外测量的助教是中国人，校长、总务长也是中国人，但他们只管行政，不管教务。功课很多，考试频繁，学生只知读书，不问政治，是一个守旧的学校。

人民英雄纪念碑浮雕：五四运动

1918年，第一次世界大战结束，在巴黎召开和平大会。日本帝国主义在大会上提出要由日本继承德国在我国胶东半岛的全部权利，北洋军阀政府有意签订这项条约。1919年5月4日，北京大学学生激于爱国义愤，发动北京全市大、中学校的学生三千余人在天安门前集会，高呼"外争国权，内惩国贼""取消二十一条""拒绝和约签字"等口号，会后游行示威，火烧了亲日汉奸曹汝霖的住宅，殴打了驻日公使章宗祥。北洋军阀政府派军警镇压，逮捕学生三十多人。北京学生当即实行总罢课，并通电全国，表示抗议。这就是五四运动。

当时，这个消息很快传到天津，天津的学生群情激愤，立即起来响应。天津市大、中学校的学生代表九人秘密集会，讨论声援的办法。记得到会的有：河北高等工业学校的谌志笃（贵州人）、南开中学的马骏（吉林人）、天津美术专科学校的沙主培（天津人），北洋大学由我代表出席。大约集会讨论了两三次，最后一次会上决定全市大、中学校第二天一律罢课，表示声援北京学生的革命行动。当时会场上气氛非常严肃紧张，在表决时，要一个一个站起来表态，大学代表在前，中学代表在后。那时我想，虽然北洋大学存在着保守势力，罢课可能有一定困难，但广大同学是爱国的，为争取释放北京被捕学生、拒签辱国条约，他们一定会冲破一切阻力支持罢课的，因此我第一个站起来表示"我代表我校全体同学，从明天起，一定罢课"。接着，高等工业学校的谌志笃第二个站起来表示同意，第三个轮到高等法政学校的代表时，他说："问题太大，不能负责，不敢表态。"一时很煞风景。当时天津只有这三所高等学校。然后，南开中学的代表马骏马上站起来表示坚决罢课，会上气氛为之一变，其他几个中学、中专的代表也都表示同意罢课，终于作出了罢课的决议。全市罢课是从未有过的事情，表决后大家立即散会，赶回学校去召开学生大会进行布置动员。我回到北洋大学时，已经过了下午六时吃晚饭的时间，我也顾不上吃饭了，立即找了几位同学商量，大家都很兴奋，马上分头向各个宿舍同学进行宣传。当时我考虑，能否实行罢课，关键在于即将进行毕业考试的三年级同学，因为如果罢课不考试，他们就拿不

105

天津大学北洋纪念亭

到毕业文凭，在那时没有文凭是谋不到职业的。因此，我就先找毕业班几位平时考试成绩名列前茅、在班里有影响的同学谈心，向他们介绍了情况，请他们支持，他们也都表示支持。我又向校长赵天麟作了汇报，他不置可否。在做了这些准备工作之后，就摇铃召开全校学生大会。会上，我详细报告了各校代表开会的经过情况，说明了第二天起天津市大、中学校一律罢课的决定，并说我已代表全校同学表示同意，请大家审议。这时同学们情绪激昂，一致拥护次日的罢课。

第二天，消息传来，各校都罢课了。从此之后，我们几个代表就公开开会，不再秘密开会了。

几天后，代表们又决定全市学生游行示威，先在南开中学操场集合，然后出发游行，预定路线是经过南马路、东马路、大胡同等闹市区至河北大经路省长衙门请愿，要求北洋军阀政府释放被捕的北京学生和拒签丧权辱国的条约。但游行那天，南开中学操场被天津警察厅厅长杨以德率领的北洋保安队包围，特别是出口处有几十层保安队员堵住我们，不让我们冲出去。我们以大旗为先导，大喊大叫，多次突围，保安队也徒手多次阻拦，双方相持很久。后来杨以德亲自到现场，声称奉直隶省长曹锐之命，不许游行，并要我们推举出四个代表去见曹锐。学生代表商量结果，推选马骏、谌志笃、沙主培和我四人，由杨以德前导，一行五人分乘五辆人力车，直去省长衙门。沿途看到街道两边都站着许多腿绑白带布的北洋保安队，荷枪警戒。车到海河的金刚桥时，我们发现桥已吊起，由杨以德命令放下，五辆人力车通过，后又把桥吊起。过桥后，就是河北大经路省长衙门的大门。往前不远我们看到了在大街上站着上百位女同学，我们估计到她们是女师的学生，是来参加游行而被阻拦在这里的。因此，我们一见，马上下车，先去慰问她们，请她们暂时等候。然后我们进省长衙门。

衙门很深，走道两旁，也站了很多持枪的保安队员，如临大敌。这时，杨以德不见了，由另一人带着我们，走过弯弯曲曲的路，来到一间破旧的席棚间里。等了很久，省教育厅长王章祜来了，他说："曹省长在会见日本驻天津总领事和海军舰长，等一等才能见你们。"过了些时候，一个警官又把我们引到一间警官训练班的课堂内，又坐等了很长时间，由王章祜把我们引到一间富丽堂皇的会客厅。客厅中间有一张铺着丝绒面的长桌，桌上摆着好几个高脚玻璃盘，装着点心和水果。杨以德和王章祜分坐长桌两边，我们四个人也分坐两边。曹锐穿了长衫马褂，头戴瓜皮帽，出来坐在长桌的一端，他装着伪善的样子，叫杨、王二人端着玻璃盘请我们吃点心和水果。我们说："大队同学没有吃饭，我们不吃。"他说："他们已经离开南开中学操场，在大街游行中，我叫警察发给每人两个馒头，他们都已吃饱了，你们也吃吧！"我们不信他的话，坚决不吃。他又伪善地说："你们不吃，饿坏了身体怎么行，将来国家靠你们复兴，如果身体不好，怎能担负重任？前清曾国藩、李鸿章、左宗棠等中兴名臣，在青年时哪里知道后来做这样的大事？你们任重道远，现在年轻，要保重身体，因此一定要吃，不要饿坏了身体。"我们仍没吃，并且要求他打电报给北洋政府，释放北京被捕学生。他说："我发一份电报，无非北京政府里多一张纸，有什么用处？刚才日本海军司令和总领事来看我，对天津学生游行示威提出警告，如果学生游行，扰乱秩序，他们就要开炮轰击。因此，我要求你们回去劝告同学，从明天起一律复课。"我们不理睬他的恫吓，坚持要求他发电报给北京政府，释放被捕的学生。他不肯，并再次要求我们回校负责劝告同学复课，我们也不肯。双方针锋相对，僵持不下。这时，他听我们四人说话的口音，知道马骏、谌志笃和我都是外省人，只有沙主培是本地人，又最年轻。他突然用手在桌上猛拍一下，把茶杯都震碎了，茶水四溢。王章祐慌忙站起来，连声说："请省长息怒，请省长息怒。"曹锐指着沙说："他们三个都是外省人，你是本地人，是我的同乡，咱们的祖宗坟茔和财产庐舍都在这里，万一闹出事来，日本海军一开炮，他们三个一走了事，我们本地人都完了，你不应跟着他们一起闹。"他指桑骂槐地威胁我们。我们毅然起立，以蔑视的态度对他说："你这套戏法对你的奴才用得着，对我们可用不上。你不拍电报，我们决不复课。北京学生一天不释放，我们一天不复课。天津地区闹出事来，由你省长负责。"正在这时，有人进来，在曹锐身边说了几句话。曹对我们说："学生游行大队已在门外，要代表们出去。"王章祐立即站起来说："我陪你们出去，免得外边同学们惦记。"我们半信半疑地走到大门口，果然见到大队同学已冲破重重拦阻，来到省长衙门外的大街上。他们见到我们，也高声欢呼。我们四人各自奔回本校的队伍。同学们告诉我，上海不但学生罢课，而且工人罢工、商界也罢市了。上海是我国最大的城市，必将影响全国，我们胜利了，高兴万分。

我们四人又凑在一起商量了一下，决定大队就近去高等工业学校的操场集合，并推举马骏向大家报告与曹锐交涉的经过情况。马骏站在滑梯顶上，我们三人坐在滑梯中间。马骏的报告声音响亮，口齿清楚，简明扼要，情义动人，非常成功。报告后决定继续罢课。大家情绪高涨，高呼口号。记得散会时，已是暮色苍茫，电灯放光了。这天，我虽然没有吃饭，但丝毫不感觉饥饿。

那时全国各大城市相继罢课、罢工、罢市，迫使北洋军阀政府不敢强令参加和平会议的中国代表在"巴黎和约"上签字，这表明了中国人民反帝斗争的坚强意志，开创了反帝、反封建的人民革命史的新纪元。

我们的罢课斗争持续了三个多月，直到暑假后才复课。斗争的胜利，使我们认识到了人民力量的巨大和团结就是力量的真理。

我们知道曹锐是直、鲁、豫三省巡阅使曹锟的弟弟。曹锟是袁世凯小站练兵时行伍出身的大老粗，因此我们原来以为曹锐也是个大老粗。在这次接触中，才知道他是个读过书的、老奸巨猾的官僚。事后，我们分析，他之所以要我们派四个代表去会谈，实际上是在汹涌澎湃、势不可当的群众运动面前感到非常虚弱，想以我们为"人质"，在省长衙门里先后换了三个地方，拖延四五个小时，妄图使游行学生出于对我们四人安全有所顾虑，不致发生"越轨"行动。同我们接谈中，时而拉拢收买，时而威胁欺诈，又用要求复课来抵制我们要求他发电报，耍尽了花招。最后下不了台时，又以大队同学游行到门口来做借口，为自己解脱。这都说明他诡计多端。

在这次反帝、反封建的爱国运动中，我们敬爱的周恩来总理是当时南开中学的毕业生，邓颖超同志是女师的学生，都是这场运动的活动家、领导者，到处演讲宣传，常见天津报端。此外，如女师的李毅韬、北洋大学我的同班同学谌伊勋（小岑）也都是积极分子，后来他俩结婚，李早去世，谌现是国务院参事。

经过五四运动的锻炼，北洋大学的政治空气空前浓厚了。他们对于平时压制学生的外国教授也敢于斗争了。记得暑假时，土木系一个外籍教授在和学生去北戴河实习时，无理加重学生负担，引起学生不满，起来造他的反，没有实习完毕就返回学校，不上他的课，并要求校长辞退他。全校各班学生支持土木系学生的抗议行动，实行了罢课，迫使校长赵天麟辞职。曹锐派冯熙运来当新校长。此人十分固执，到职后便停止了电和伙食，要学生写悔过书才再开学，否则不开学。但是绝大多数学生坚持斗争，不写悔过书。这样，我和其他不少同学都被开除，便离开了北洋大学，转到北京大学，继续学习至毕业。

以上是我亲自参加和知道的关于天津五四运动的片段回忆。时隔六十年了，记忆不清，可能有错误之处，希知者指正。

（原载《天津文史资料选辑》第三辑，天津人民出版社1979年版。）

我任河北、平、津敌伪产业处理局局长时与蒋介石的接触

孙越崎

　　1945年8月，日本投降后，国民党政府军政机关纷纷抢先派员在各地收复区接收敌伪产业。当时国民党政府行政院长宋子文鉴于收复地区的敌伪产业是一大财源，而那时各地接收情形非常紊乱，为了不失时机地把这批财富抓到手，于11月决定全国所有接收的敌伪工矿企业、房地产及仓库物资统一由其处理。在行政院直接领导下设立了四个地区的敌伪产业处理局：即设在上海的苏、浙、皖敌伪产业处理局；设在北平的河北、平、津敌伪产业处理局；设在青岛的鲁、豫敌伪产业处理局和设在广州的两广敌伪产业处理局。它们代表行政院处理各该地区接收的一切敌伪产业。

　　我于1945年10月间由国民党政府经济部派为东北区特派员，负责接收东北地区的工矿企业。正在重庆招聘和组织各项技术和管理人员准备前往东北。但因当时东北地区由苏联军队占领，尚难前去接收。宋子文以我一时不能前往东北，即于1945年11月下旬派我为行政院河北、平、津

宋子文

111

敌伪产业处理局局长。我即率同部分原拟前往东北接收人员五十余人于11月30日乘专机飞抵北平，即于12月1日成立了河北、平、津敌伪产业处理局。立即在平、津等地登报公告：河北、平、津区所有中央和地方各接收机构应遵照行政院规定，凡接收的一切敌伪工矿企业、房地产和物资等，均应速将接收清册报送处理局统一处理，一律不得各自处理。各接收机构对处理局的这个公告，均抱观望态度，根本没有一个单位遵照公告将接收清册报来。因此，处理局的工作无法开展。那时国民党政府的政令，不但对地方机关无法贯彻，就是对直属行政院的各部会派去的接收单位，也很难贯彻执行。而新设立的处理局想把当时的军事委员会委员长北平行辕，第十一战区司令部，河北省政府，平、津两市政府以及中央各部会在东北的各特派员办公处所接收的敌伪产业完全拿过来统一处理，就如同要把他们刚到嘴的肥肉又吐出来一样，谈何容易，焉能实现？处理局的工作不能顺利开展，自属意料中事。

在处理局成立之前，华北最高军政机关的北平行辕早已成立一个河北、平、津敌伪产业清查委员会，由行辕主任李宗仁任该会主任委员，华北地方各军政首脑均被派为该委员会的委员。以后又在天津成立了河北、平、津敌伪产业清查委员会天津分会，由张子奇任主任委员。该清查委员会成立后，接收了不少敌伪物资，由北平行辕通过该会自行处理。我到北平成立敌伪产业处理局后，其职权与该清查委员会互相矛盾。李宗仁于是以北平行辕名义加派我为该清查委员会委员，企图把处理局置于清查委员会领导之下，仍可由清查委员自行处理敌伪产业。这样更增加了我对于执行处理局职权的困难。

正当处理局虽已成立而无法推进工作之际，1945年12月中旬，蒋介石于日本投降后第一次来北平视察。当时北平行辕主任李宗仁、第十一战区司令长官兼河北省政府主席孙连仲、北平市长熊斌、天津市长张廷谔等华北地方军政首脑趁此机会，纷纷以华北人民受尽日伪压迫，所有敌伪产业都是被剥削的华北人民的民脂民膏，人民生活困苦不堪等为借口，条呈蒋介石准将所接收的敌伪产业交华北各地方机关处理，作为救济之用。蒋介石为了笼络地方军政人员，并未与行政院电商，一一予以批准，并将其批示抄交处理局照办。我接到此批示的副本后，感到这与宋子文设置敌伪产业处理局的原意不符，两头为难。于是我也针锋相对地将行政院规定敌伪产业应由处理局统一处理的办法，向蒋介石当面作了说明，并代蒋拟好一个批示："华北敌伪产业应照行政院规定，由处理局统一处理。"对此，蒋也当面批示照办。

同时还有河北地方元老鹿钟麟与张继的爱人崔振华等，在"大河北主义"的精神支配下，与华北各军政首脑相配合，向蒋介石说：他们到北平城墙上向四方瞭望，见所有工厂的烟囱都未冒烟，工厂停闭，人民生计困难，孙越崎一向办理工矿企业，应请他负责恢复这些工厂，迅速生产。于是蒋介石就面嘱我拟定一个"平津工厂复工计划"，于三天内（即在他离平前）面交给他。

当时处理局成立不过半月，各接收机关尚未将接收清册及接收后情况报来。因而对当地各企业情况完全没有掌握，底数不明。这个复工计划根本无法草拟，但又不得不按期交卷。我不得已商得当时随蒋同来北平的国民政府参军长商震同意（抗战前我在河南中福煤矿任整理专员和总经理时，商震任河南省政府主席，接触多次，早已熟识），由商震以参军长名义召集中央各部会特派员及有关单位的负责人到蒋介石的住处（圆恩寺）开会，嘱令即日将所接收敌伪产业清册报送处理局。但会后报来的，仍寥若晨星。在此情况下，我只好由处理局同事顾毓琼从经济部冀、察、晋、热特聘员办公处弄到一些日本华北重工业株式会社的残缺不全的资料，由顾毓琼会同沈嘉元、董询谋和我四个人，连夜闭门造车，边起草、边打印，搞了一个通宵，拟出一个所谓的《河北、平、津工矿复工初步计划》，第二天早上在蒋介石离平前，我遵限当面交卷，应付了事。他看也不看，就交秘书收下，即离北平飞返南京了。其实蒋介石要我做这个复工计划，并不是真正关心华北工业生产，只是应各地方当局和地方元老的请求而提出来的。这些地方当局和元老的目的是一方面要求把处理敌伪产业的权力交给他们；另一方面把复工的责任加在处理局身上，以分散处理局的精力。用心很深，其谋甚毒。蒋介石不加考虑就把复工任务交给了我。蒋介石这种乱批条子的做法，造成了处理局工作更加混乱的局面。

蒋介石走后，地方当局就以新闻报道的方式，把蒋给他们处理敌伪产业的批示，在平津报纸上发表了。处理局本来已经无法开展工作，这样一来，就更没有人理睬了。处理局虽然也有蒋介石的批示，但地方政府当局是实力派，即使把蒋给我的批示也予以发表，并无助于当时僵局的打开。

因此，蒋介石离平后，我立即将以上情况详细电报南京宋子文请示如何办理。宋接电后即于1945年12月下旬飞到北平，住东交民巷旧海关署。我当即详细向宋子文汇报情况，并告以我也得到蒋介石给我的按照行政院规定所有敌伪产业交由处理局处理的批示。宋看了以后非常高兴，当即电告蒋介石："到平后，看到您给处理局孙越崎局长的批示，当遵照与有关方面洽商，将敌伪产业一律移交处理局处理。"电报内不提蒋批给地方当局的批示。电报发出后，宋子文由我陪同去中南海，单独与李宗仁商量。李为人比较开明，同意取消他主持的敌伪产业清查委员会，把该会接收的敌伪产业移交处理局处理。他们二人并商定次日上午在中南海李宗仁办公的勤政殿召集各地方当局及中央各部会特派员和其他有关单位负责人开会。

宋子文邀我次日晨到他住处，与他同进早餐。早餐时，他对我说："今天开会时，我要责备你几句，说你工作不力，必须抓紧时间，遵照行政院规定和蒋给你的批示办理，这样，今天的

李宗仁

会可以开得有力量，而对你以后也容易推动工作。"

是日上午开会时，北平行辕主任李宗仁、十一战区司令长官兼河北省政府主席孙连仲、北平市长熊斌、天津市长张廷谔和副市长杜建时、热河省政府主席刘多荃（河北平津敌伪产业处理局也管山西、察哈尔、绥远、热河等省，当时热河省政府主席刘多荃正在北平，故也参加），及中央各部会特派员石志仁、王翼臣等三四十人都参加了会议。宋子文先讲了行政院设立敌伪产业处理局原委的一套冠冕堂皇的话，处理局将处理敌伪产业所得价款一律解交中央国库，以便回笼货币，平抑物价，是国家财政方面的一项重要措施；地方需款另由中央核拨，不得自行处理敌伪产业，将款挪用，等等。宋子文在会上并宣布了蒋介石给孙越崎的批示，指责孙越崎开展工作不力，有负中央委托。最后宣布宋本人暂留北平，在中南海居仁堂设行政院长临时办公处，限令各接收单位必须于五天内将接收原始清册交到院长临时办公处点收，以便交处理局登记处理。会后，宋子文每天亲自到居仁堂坐镇办公，并接见华北党、政、军各方面的负责人并谈话，各接收单位也就开始将接收清册送来。处理局人员除少数留守外，都到居仁堂作

居仁堂的前身海晏堂

为院长办公处的工作人员，办理点收清册等事务工作。

宋子文在北平留了六七天，将处理局工作亲自布置就绪后，我就随他于1946年元旦同机飞往天津，又停留了几天，也同样作了安排。李宗仁设在天津的敌伪产业清查委员会天津分会撤销，并入处理局天津办事处。至此，处理局的工作，由于宋子文的亲自到平、津两地督促布置，并得到李宗仁的合作，才打开了局面，得以逐步顺利进行。

处理局工作一旦展开，原假北平中国银行的办公地点，不敷应用，同时工作人员也亟待充实加强。当宋子文离平之前，我请他批准将东交民巷御河桥二号原日本大使馆和总领事馆拨作处理局的办公处。那时正有一批原定随我去东北接收的工矿技术和管理人员乘"美江"轮出川抵汉，我请宋子文批准包一架专机将其中五十余人由汉口直飞北平，充实了处理局的工作班子。这为处理工作的顺利开展创造了条件。以后又在天津、唐山、太原、石家庄四地分设了处理局办事处，分管该地区的敌伪产业处理工作。

到1946年底，完成了宋子文当初交给我的处理敌伪产业价款1000亿元法币的任务后，我于1947年1月就辞去处理局局长职务，于1947年2月转东北，3月到南京就任资源委员会副委员长之职。经行政院令派原任处理局副局长张子奇继任河北、平、津敌伪产业处理局局长。

综上所述，从我在处理局任局长时与蒋介石的接触中，可以看到蒋介石的办事独断专行，杂乱无章，不和下边甚至不和行政院通气，乱批条子。本来在处理敌伪产业问题上，中央与地方有争夺，有矛盾，由于蒋到北平的随意乱批，就更增加了矛盾的复杂性。在国民党统治时期的官场中，曾流传过一句话："委员长大家可以用。"这里说的有关处理敌伪产业，他既批给地方当局，又批示给我，这就是一个具体的例证。

（原文载《文史资料选辑》第84辑，文史资料出版社1982年版。）

我国第一部基本建设工作条例的诞生

孙越崎

1949年10月1日中华人民共和国成立，成立了中央人民政府，设立了政务院，下设财经、政法、文教3个委员会和各部、署。中央财经委员会主管全国财政金融和经济建设与管理事宜，主任为陈云。下设计划局，为实行计划经济，统筹规划全国财经事业的经营管理和建设工作，局长宋劭文。

我自1949年6月辞去国民党政府经济部长兼资源委员会主任委员职务后，在香港先后与中共在港负责人乔冠华、张铁生、罗哲明等同志取得联系，并由邵力子先生在北平与周恩来总理联系来北平。

旋因我发动和组织资委会在香港的国外贸易事务所员工起义，经过激烈斗争，到1949年11月初，起义工作成熟，即将正式通电宣布，我得罗哲明同志同意才携眷乘轮北上，到青岛经济南、天津抵达北京，受到周恩来总理的接见和宴请。在我北上途中已任命我为中财委计划局副局长，与钱昌照、孙晓村同为该局党外人士副局长。按局长分工原则，我主管计划局的基本建设、轻工业和天然财富（即煤矿、石油、天然气和水电等资源的登记）3个处。计划局还设有各专业处，如重工业、煤业、电力、铁道、农业等处，各有副局长分管。

什么叫基本建设

中华人民共和国成立初期，各项建设千头万绪，很多尚无先例

117

可循。当时计划局的各专业处原应主管各专业的生产经营和管理等工作，但他们却要管基本建设工程。例如，长春第一汽车制造厂的建设与重工业处有关，由主管重工业处的副局长主持办理。又如，官厅水库的建设，由于事关农田灌溉，与农业处有关，由主管农业处的副局长主持其事。

我们在中华人民共和国成立之初是学习苏联实行已久的社会主义计划经济。那么社会主义计划经济的基本建设工作究竟应当怎么做呢？当时中财委聘请苏联专家三四人，其中巴士宁同志是主管基本建设的专家。我为了开展基本建设处的工作，经常去请教他，向他虚心学习。他详细介绍了苏联实行计划经济的经验和推行计划经济所规定的各种表格以及基本建设的具体工作程序等，以资借鉴。由于谈话是通过非专业翻译人员翻译的，因而往往词不达意，一时不易听懂。但我为了弄清基本建设工作的要点很有耐心，继续不断地向巴士宁同志请教，终于懂得了凡是由国家投资建设的工程，包括农、轻、重各项新建和扩大再生产的工程项目都是基本建设工程，都应由基本建设处主管。待建设完成以后，移交生产单位管理，才由各专业处主管生产经营管理的工作。这在原则上同1949年以前我国的办法差不多一样。例如修建一条铁路，在建设时期属某某铁路工程局。又如一个有钱的人有一块房基地，想盖一所住宅，请一位建筑公司的工程师设计，要求有几间卧房、客厅、卫生间、厨房等，这就叫设计任务书。这位建筑工程师按照业主的意见设计，画出草图，然后招标，由得标的营造厂修建。这里所说的建筑公司，1949年以后叫设计院，所说的营造厂，就是1949年以后的建筑公司。后来经过资本主义工商业的改造，财东没有了，都是国家或集体投资了。所以我说这与1949年以前的办法原则上差不多一样，就是指此而言。

基本建设工作程序暂行办法的拟订

陈云主任在新中国成立初全面主持全国财经工作时期，对于我国的基本建设工作十分重视。他责成计划局基本建设处具体研究并制定相应的规定，颁布全国遵照执行。

由于宋局长的领导，苏联专家的帮助并在基本建设处副处长郭可诠和吕克白以及有关同志的通力合作下，在学习和吸取苏联先进经验的基础上，结合我国的具体情况，并与各有关农、轻、重的专业处共同研讨，多次会商，根据政务院1950年12月14日发布的《关于决算制度、预算审核、投资的施工计划和货币管理的决定》所规定先设计后施工的程序颁发，拟订了一份《一九五一年基本建设工作程序暂行办法》草案，由计划局呈报中财委陈云主任和李、薄两位副主任核定，奉批即规定为《基本建设工作程序暂行办法》。这一条例内分六节，共计28条。

第一节是计划之拟订与核准问题。条例规定，中财委根据中央人民政府通过的国家年度财政总概算，提出年度基本建设控制数字，分发各部各大区及有关省市区财委。各部根据控制数字迅即通知所属建设单位，并领导由下而上地编制年度基本建设工作计划。各单位编制年度计划时，要以政务院颁布之基本建设计划表格为主体，将本年度所进行之设计工作及施工工作等列入计划表内。对设计工作和施工工作的要求，条例作了详细的规定。各类建设单位年度计划按准程序核准后，如需变更计划，非经原核准计划之机关批准，不得自行变更。

第二节是关于设计工作的规定，要求设计工作分为初步设计、技术设计及施工详图3个步骤，依次进行。条例还明确规定了各个步骤的详细内容，设计文件的核准程序。

第三节规定了施工的条件和拨款的办法，强调建设单位应依据批准的设计拟订施工计划，经有关部门核准后方得开工；基本建设经费拨款，一般以核准的年度计划为依据，财政部将款项由国库划拨给银行，特殊情况需预拨款项的由主管部审核呈请中财委核准。

条例其他几节规定了基本建设工作的报告与检查、工程决算与验收等制度，明确了各级领导人的责任及地方基本建设项目的报批办法。

《基本建设工作程序暂行办法》基本上确定了基本建设工作过程的各个环节及其先后次序，虽然不尽完善，但使当时刚刚起步的基本建设工作有所遵循，为以后有计划地进行基本建设工作打下了基础。

《人民日报》社论宣传施工必先设计的原则

上述基本建设工作程序暂行办法系1951年3月29日由中财委颁发各大行政区、华北五省二市及内蒙古及内蒙古自治区财委所属各部署和地质工作计划指导委员会等遵照执行。

由于此办法关系国家建设大计之执行，陈云主任对此十分重视，他说："搞基本建设，事前一定要设计。一般的工厂设计工作要一年以上，要看这个地方的地层怎么样，水够不够，水的化学成分对锅炉有什么损害，等等。我们是从乡村出来的，往往不大懂这一套。我们现在还不会，要从头学起。"为此，他指示我们应加强对各方面进行宣传教育，并特地介绍我与《人民日报》社长范长江和副社长邓拓见面。

后来范、邓二位正副社长请我吃饭，并要我写一篇有关此事的文章。他们也对此特别重视，即作为该报的社论，题为《没有工程设计就不可能施工》，刊载在1951年6月16日《人民日报》的头版上。

我在社论中指出，基本建设是我们国家工业化的具体路程，是百年大计的工作。基本建设工程都属现代的很繁复的工作。这种建设，往往涉及面很广，影响重大。而工程的质量高低和价值大小，都由设计的好坏来决定，设计是基本建设工作的关键。过去在此项工作中，经常不经过设计，只凭热情和愿望，还没有考虑该怎么做，就动了工，结果不是做不成，就是做不好，或者中途改变，返工重建，使国家蒙受重大损失。因此，"施工必先有设计"是今后基本建设工作中的一个基本原则。设计和计划也不同。一般的计划只是说明"做什么"，并不能说明"怎样做"；计划是偏重于方针性的，设计是在建设方针指导下，偏重于技术规划和经过详细计算的。设计工作是一件综合性的非常细致复杂的组织工作和技术工作。在设计以前，必须收集一切有关资料，如厂址、工程地质、气候、风向、水源、动力、交通运输、原材料供应、资源情况，等等，作为依据，经过详细研究、调查和比较，结合理论、经验和实际情况慎重设计，决不能草率从事。

明确了设计的重要性后，我在社论中也分析了当时作为设计工作的困难条件。我国设计工作人员缺乏，基本建设工作还缺乏经验，一些领导同志习惯了农村比较散漫的工作方式，不了解工业的复杂性和严密性，有的人热情很高但缺乏科学精神，这都是对基本建设工作十分不利的。最

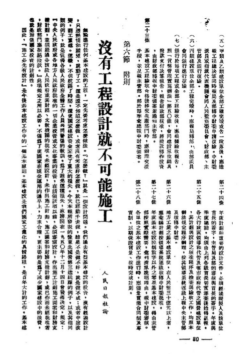

《山西政报》1951年第8期转载的《人民日报》社论《没有工程设计就不可能施工》

后，我写道，要走路总是要学步的，不能因为困难而拒绝学步。只要我们肯努力，肯向苏联等先进经验学习，不断积累自己的经验，就能为新中国的建设作出更大的成绩。

我根据陈云同志指示精神写的这篇社论，对基本建设工作产生了较大的影响。

基本建设工作必须有"铁的纪律"

我记得曾有一次和陈云同志一同在计划局的小灶食堂吃饭，坐在一桌，我说："共产党真好！"他问我，共产党好在哪里？我一时答不上来。他说："共产党好就好在有铁的纪律。"也正如毛主席所说的，共产党人最讲究"认真"二字。上述基本建设暂行办法的颁布以及《人民日报》的社论发表以后，无论中央各部门和各省市都注意认真学习并严格按照规定办法执行。很多部、署、局纷纷要我去讲解说

明。每次我去讲解的单位，听者很多，他们一面听，一面问，十分认真。我也尽我所知，一一予以回答。经过讲解说明以后，一般都有这样一句话："现在懂啦，我们一定按照规定办法，严格遵照办理。"从此基本建设处的工作也就打开了局面，而且工作忙了起来。

大众传播媒介确有不可低估的作用。陈云同志不但在经济工作方面有天赋，而且也很重视宣传教育工作，因而取得很好的效果，实在使人五体投地地佩服。我记得张治中同志对陈云同志的政府经济工作报告曾说过："我在国民党政府时，从来没有听到过像陈云同志这样精辟的经济工作报告。"张治中同志这句话，真是一语中的。新中国成立后，正是由于陈云同志出色的领导艺术，使得三年经济恢复和第一个五年计划期间，各项基本建设工作都能取得巨大的成绩，为我国的工业化打下了初步的基础。

后来由于1958年的"大跃进"运动，所谓"一马当先，万马奔腾"和"一天等于二十年"浮夸风的盛行，因而基本建设工作程序暂行办法不但得不到完善、充实、修订，还把它丢掉了，而实行所谓"三边"政策，即边设计、边施工、边修改，或者边勘测、边设计、边施工。由于急于求成，仓促上马，造成许多返工浪费和半途停工等现象。同时陈云同志所说的"铁的纪律"，也就无影无踪地消失了。这是一个十分深刻的教训，我们应当很好地吸取，为我国的四个现代化建设作出贡献。

（原文载于《孙越崎文选》，团结出版社1992年版。）

抗战时期孙越崎在武汉二三事

薛　毅

　　众所周知，现任民革中央名誉主席孙越崎先生是中国现代史上著名的工矿泰斗、能源工业奠基人。抗战初期，他曾在武汉生活过一段时间，从经济方面对抗战作出了贡献。1934年秋，中英合资经营的河南焦作煤矿由于管理不善，债台高筑，濒临破产。孙越崎临危受命，担任该矿的总工程师和总经理。他上任后对煤矿各方面的工作进行大刀阔斧的整顿，第一年不仅扭亏为盈，而且盈利超过100万元；第二年就使焦作煤矿成为国内仅次于河北开滦、山东中兴的全国第三大煤矿。武汉是长江中游的经济中心，是平汉、湖广铁路和长江的交汇处，素有九省通衢之称。早从1914年开始，中福联合处的英方就在汉口沿江大道139号设立了经理处，把武汉视为理想的煤炭销售地区和中转集散站。中福联合处汉口经理处的煤厂设在丹水池。丹水池煤厂可储存10余万吨煤炭，自备驳船3艘。这里不仅经销中福联合处生产的煤炭，还负责堆放和销售开滦等煤矿生产的煤炭。

　　抗战初期，南京失守之后，武汉成为全民族抗战的中心。这一时期，有一百多家工矿企业从沿海和内地迁到武汉，其中包括孙越崎担任总经理的中英合资的中福两公司联合办事处。孙越崎力排众议，将焦作煤矿4000多吨机器设备和800多名职员转移到武汉。

　　抗战爆发后，国民党中央军事委员会成立了农产、工矿、贸易三个调整委员会及水陆运输联合办事处，翁文灏为工矿调整委员会主任委员，卢作孚为水陆运输联合办事处主任委员。三个调整委员会的

123

宗旨是："……保育实业生产。……务期国内一切工矿实业能获继续之发展，所有技术员工仍得贡献其才力。"这一时期，我国沿海地区大批工厂相继迁来武汉。这些工厂恢复生产，急需燃料，特别是一些承接国民党兵工署委托制造的军需订货，包括各种炮弹、手榴弹、地雷、水雷、军用铁铲、十字镐等，均因工厂缺乏能源而难以维持生产。南京失陷后，国民政府准备在武汉与日军决战，因而兵员调动频繁。浙赣、湘桂、粤汉等铁路运输繁忙，机车用煤量激增。当时武汉地区每月需用煤炭4万—5万吨，而原来由河北井陉、河南焦作、山东枣庄、安徽淮南等煤矿运来的煤炭，因矿区沦陷或交通梗阻已完全断绝。此时，担任国民政府经济部部长兼工矿调整委员会主任的翁文灏正在武汉负责全国的工矿调整事宜。早在20世纪20年代中期，当时担任北平地质调查所所长的翁文灏在东北考察穆棱煤矿时，就认识了孙越崎，并为孙越崎撰写的《吉林穆棱煤矿纪实》一书写了序言。孙越崎留学回国后，翁文灏又将其介绍到国防设计委员会工作。翁文灏担任中福联合处整理专员和董事长时，他又指名要孙越崎担任该处总工程师和总经理。两人可谓志同道合。此时，翁文灏又安排孙越崎在武

1960年7月，邵力子与夫人傅学文在北戴河海滩

汉与国民政府资源委员会负责人钱昌照会谈，商洽合作开发湖南湘潭煤矿。1937年11月15日，孙越崎代表中福联合处与钱昌照签订了《合办湖南湘潭谭家山煤矿草合同》。12月1日，湘潭煤矿公司正式成立，公司办公地址设在汉口。此后，孙越崎先后安排从汉口运抵谭家山煤矿11批、50船机器材料，重约1600多吨，价值109多万元，同时还运去数百名职员和技术工人。经过10个月的紧张工作，谭家山煤矿已凿成10口矿井，日产煤炭400吨左右。这些煤炭通过湘江船运，大部分销售到长沙、武汉，有力地支援了抗日战争。

孙越崎迁居武汉之时，正值南京失守，国民党中央宣传部长邵力子和夫人傅学文先后撤到武汉。孙越崎和邵力子不仅都是绍兴人，而且邵力子在上海复旦公学曾担任过孙越崎的国文教师；邵力子后来担任陕西省政府主席时，曾对时任陕北油矿勘探处处长的孙越崎多方关照。有感于此，孙越崎在南京形势吃紧之时，先把邵夫人傅学文接到武汉，住在他家里避难，又在南京失陷后请邵力子先生也住到他家里。孙越崎回忆说：邵力子先生当时"担任国民党中央宣传部部长，陈立夫、张道藩等人常来我家找邵先生商谈，在客厅里往往大声吵闹，不欢而散。有一次蒋介石打电话给邵先生，我在旁边听到蒋问邵：'你知道现在的刊物有多少是共产党的？'邵回答：'我查查嘛。'蒋大声说：'我知道90%是共产党的，你做宣传部长怎么不知道？'邵仍说：'我查一查嘛。'在这以后大约一个月，邵先生回来对我说，你得给我道喜，我问什么喜啊？他说他的辞职被批准了。"邵力子夫妇和他的勤务员在武汉期间一直住在孙越崎家里，直到1938年10月底武汉即将沦陷，孙越崎才和邵力子夫妇同机飞抵重庆。

（原载于《湖北文史资料》，1995年第1期。）

孙越崎先生与南京五厂拒迁台湾经过

王端骧

孙越崎先生是伟大的爱国者、杰出的工程师。我和孙先生接触最密切的期间是在南京解放前夕，当时他是国民政府资源委员会的委员长，我是资委会所属南京无线电厂的厂长。对在孙越崎先生领导下南京五厂拒迁台湾情况清楚，现分述如下：

一、迁台湾

南京无线电厂的原址是在南京城西北18公里的板桥镇，职工有400多人。在淮海战役之后，国民政府在南京有两次大疏散。此厂职工大部离厂，仍留在厂中的不足200人。

1948年12月中旬蒋介石召见孙越崎，要他将资委会在南京的五个工厂迁去台湾，并拨下迁厂的运费（金圆券）及将来到台湾后建厂的经费（台币）。在当时，国内使用的金圆券贬值很快而台币是比较稳定的。蒋并限期紧急搬去台湾。

这五个工厂是：南京无线电厂、南京有线电厂、南京电照厂、南京电瓷厂、马鞍山机械厂。

在这五个厂中，除马鞍山机械厂外都是在南京城内或其郊区，核计五个厂的器材总数约有一万吨。当时自南京到上海的铁路货运十分紧张接近于不通。对于这么大量的运输实不可能。因此由资委会在上海包租了一艘大的新康号海轮。拟自上海先驶到马鞍山，将该厂的设备器材装船，然后下驶到南京装上其余四厂的器材，经过上海开去台湾。

这时职工情绪是十分低落的，生活困难，怨声载道。现在迁去台湾，离乡背井，前途难测。但如不随厂去台湾则个人生活无着落，心情十分矛盾。

二、拆运

到1949年1月上旬，各厂器材的拆卸装箱已基本完成，在城内的各厂陆续将器材运到南京的下关码头附近。无线电厂因离江边近，器材由厂装上廿几条大木船，开到下关码头附近等待装上新康轮。新康轮驶到马鞍山，将马鞍山机械厂的器材装上船后驶到下关，因无法靠近码头暂在江中停泊。

当时在南京的好多国民政府的机关都要紧急迁去台湾。他们的东西堆满了码头，而且有宪兵保护，新康轮无法接近泊位。这样相持了两三日，各厂的器材停在岸上搁着。

正在此时，自报上得知蒋介石宣布下野，自己去了宁波奉化老家，由李宗仁"副总统"代理"总统"职务。

此时我接到资委会的紧急电话，通知要我去南京开会。赶到资委会时我感到这和平时气氛大不相同，一种紧急严肃的气氛充斥了办公室。当我到了孙先生的办公室时，其余工厂的负责人都已先我到达，大家不断地在议论什么。会议仿佛已经开完，孙先生正指导秘书在草拟一份行政院（已迁去广州）的呈文，逐句逐字在那里研究。

当他见我到来便对我说："不搬了，将码头上的器材都搬回原厂。"我提到"无线电厂的器材目前是装在木船上，现都已在下关江中"。他回答说："一起搬回厂去。"他给我一个简单的说明："新康轮船长听说国民党军队要在江阴封锁长江，不肯在南京久留，我已同意他开回上海。器材搬回各厂。"他的讲话时常是这样简洁明了。当我回想到昨日蒋介石下野消息时，使我明白了孙先生正是借新康轮船长要求回上海的机会，而做出了不迁台湾的决定。所以资委会为此拟一份向广州的行政院报告，说明迁台湾目前在运输方面有困难。

127

　　孙先生凭借蒋介石的下野及新康轮船长不肯久留在南京的巧合，当机立断，果敢地决定了拒迁台湾的行动。

三、拒迁台湾

　　当决定不迁的消息散布开来，厂中的员工都欣喜起来。我一方面和大家一样，但同时想到了今后的厂址问题。原厂址板桥镇是历史上攻打南京时军事必争之地，在太平天国时期多次成为战场。如果在解放军攻打南京而国民党军坚守，这厂必然受到破坏。现在南京城内由于国民政府多次疏散的结果，大型的空房很多，我们选定了资委会在20世纪30年代所建的原会址"水晶台"。这里建筑很好，室内的家具也保存得很齐整，但建筑结构不很适宜做工厂，在过去只是做办公室用。为此我们加建了一些半固定式的厂房。将装运的器材运回来开箱整理，渐渐开始制造一些无线电零件，等等。这时以前离厂的员工也有部分回到厂子。从那时起，南京无线电厂便在这个基础上发展至今，成为中国在无线电通信方面最大的、技术最强的工厂，发展成为全国知名的南京熊猫电子工业集团。

　　资委会的总部当时虽迁到上海，但孙先生还常来南京，因为李宗仁担任了"代总统"并任命了孙的好友翁文灏为总统府文官长，翁与蒋介石的关系很深。

　　二月底三月初某日上午，南京电照厂的沈良骅厂长邀我们其余四

　今日南京熊猫电子的标志

个厂负责人开会。他提到在那天下午，南京卫戍司令部通知他当日下午去司令部问话。这使我们都紧张起来。因为蒋介石虽然在名义上下野，但他还指挥着当时权力最高的京沪警备总司令部（总司令官为汤恩伯），及其附属的南京卫戍司令部。这次他们召沈良骅去问话，很可能是为南京五厂拒迁台湾的事情。我们的结论是沈不能不去。如果他被扣起来，我们急电上海的孙先生前来营救。当日下午5时，去卫戍司令部的沈良骅并没有被扣而是回来了。他提到在卫戍部中是由一个副司令官与之谈话，并出示了由溪口拍来的电报，追问为什么南京五厂没有迁去台湾并要回报，我们只有急电上海的孙先生速来南京。

第二天孙先生自上海来了，他已知道了拒迁五厂的严重性，因为他已见到曾去溪口见蒋介石的翁文灏。蒋一见到翁便怒气冲冲向翁提出："为什么五厂不迁去台湾，这可能因为孙越崎被资委会里中共地下党包围了。"

四、双重的文件

当时沈良骅代表五个厂的负责人提出，此次各厂将器材自码头运回只是由孙先生的口头指示，希望由资委会对此向各厂发一文件，各厂凭此以对付卫戍部的再来追问。孙先生同意了，不久孙再次来到水晶台召集未迁的五个工厂负责人谈话。他带来资委会给每个厂的同式公文两份，并说明第一份是为对付卫戍部的。其中大意是，因为在南京下关码头附近堆放的各厂器材装不上船，而新康轮船长又不同意在南京久留，开去了上海，"所以，只有先将器材运回各厂以免损坏，再尽量想办法运去台湾。"第二份公文和前一份的公文日期及编号完全相同，只是在上面引号中的部分有所不同。其意在于："要求各厂将器材运回原厂准备整理开工，迎接解放军的接收。"这是为解放军在接收时免得有误会。孙先生在交予第二份文件时特别严肃地说："这是我亲自交给你们每一个人的密件。你们要注意保存不能离身直到解放，直接交给来接收的负责人。这是一绝密的文件，如果有一个人将其泄露，将影响我们大家的生命。"我们五个人也向孙先生表示，我们将严格地按照他的指示办事，如果发生问题，我们愿共同负担责任。

这第二份文件，我们五个厂的负责人在南京解放后约四月底，同时交给了解放军接收的负责人——第二野战军经济部长万里同志。

从以上事实可以看出孙先生对国家、对人民抱着极大的热情和责任心，又怀着对同仁们莫大的关切和真诚。他早已置自己生死安危于不顾，大智大勇，冒着生命的危险，艰苦卓绝地完成了为国为民的使命。

（原文载于《爱国老人孙越崎》，绍兴文史资料选辑第十五辑，1997年。）

祝寿

余小沅

　　1993年11月，我出差到北京，住在东皇城根南街的民革中央机关的内部招待所里。那是幢四周高楼环抱的法式小洋楼，据说原是慈禧太后贴身女官德龄公主的住宅。我住在三角形的小阁楼，有两张床，简单整洁，乳白色的窗棂，透过几缕"爬墙虎"飘拂的枝叶，依稀可见大街上的车水马龙，颇有几分欧洲古堡的情致。

民革党员手绘民革中央机关院中的法式小洋楼

晚上了，我一边看《新闻联播》，一边庆幸可独居一室的清雅。蓦地门被推开，进来一个穿风衣的老人，深铜色的脸上挂着两块松弛的腮肉，一看就是个干过重活的老人。

"哪儿来？"我起身迎问，"贵姓？"

"唐山矿务局。"老人讷讷地回答。"免贵，姓丌。"说着还在手掌画了三画。

"哦，那你跟孔子的丌官夫人有亲啰。"稍停，又问，"是来上访？"

老丌一笑，"不，祝寿。"

原来，他是特地自费来为民革中央监察委员会主席孙越崎百岁华诞祝寿的。中华人民共和国成立前，孙老当资源委员会主任，到唐山煤矿井下看到扬起的煤尘，伸手不见五指，就狠狠罚了窑主一笔款，并把此款作为井下除尘的专项资金，减少了大批矿工得矽肺病，老丌就是当年的受益者。中华人民共和国成立后老丌当过生产副矿长，现在是矿上退休干部的党总支书记。

老丌说着从提包抽出一轴书法，得意地说，"这是我请唐山最有名的书法家写的一幅寿幛，你看看。"打开卷子时，老丌不由叹了一声，"来得匆忙，忘买一条红绸扎一下，好添点喜气。"

"那我帮你去买一条吧。你先洗个脸。"说着我就奔出了门。

北京的深秋夜，除了卡拉OK厅的霓虹灯光诱惑般地投在空间和地面外，其他的商店基本上都拉下了卷闸门。我冒着嗖嗖的冷风，一直走到美术馆附近，终于看到了希望。在一条小胡同里，有一间很小的个体百货铺。防风玻璃门里，一个老人坐在一只生铁暖炉边看电视，看来生意很清淡。

"老板，有红绸带吗？"我推门进去，一股温暖的热气直扑脸面。

"有。"老人忙站起身，从货色齐备的小百货柜台里取出一卷红绸带，一边问要几尺，一边说，"这么晚买绸带啊。"似自问自语，很含蓄，透出一股有修养的山东腔。

"明天祝寿用。"我炫耀地补说道，"给孙老，孙越崎。"

"哦，那你是民革党员啰。"老人闪亮了眼睛说，"听口音你是杭州来的吧。"

"嗯。"我惊奇地说，"看不出，你这个生意人的民主党派知识还知道不少呐。"

"嘿嘿，不瞒你说，我南下在浙江S县做过多年统战部长呐。"老人笑着撸了一下花白的小平头，"现在离休了，到北京侄儿家玩，顺便帮他看看小店。"

我望着他那白皙、微胖的脸，说："大材小用了。"

"嗨，到广州知钱少，到北京知官多。在北京看大门的厅级干部有的是。我算啥。"他说着把剪下的一尺二绸带折好、包好递给我，"两块三。"

我掏出一张50块，"啊哎，"老人回头望了一下钱箱，说："找不开。"

我转身看看黑漆漆的小胡同，为难地迟疑着，"现在到哪儿去兑呀。"

"你先拿去，钱明天捎来吧。别耽误了祝寿。"老人爽直地说，"我这个老共产党员还能为民主党派的事儿尽点力，高兴。"

"那太谢谢你啦。"我拿起绸带，离开了这间温暖的小店……

第二天一早，因临时搞到了一张卧铺票，去火车站前，匆匆赶到那小店时，店门还紧锁着，只好上火车返杭了。回杭后因不知那小店的详细地址和老人姓名，一直没法汇款，但心中总结着一个疙瘩。

一个多月后，我作为民革全国第八次代表大会浙江团的工作人员又来到北京，住在京西宾馆，到京当天晚上，我顶着凛冽的寒风，倒了几趟电车，找到美术馆附近那个地段。眼前是一片用腈纶布作幔帐围起的建筑工地，据说这里要造一片现代化商业区，那个充满温暖的小店，没有了；那个离休老人也可能已回了南方，我在那里踱来踱去，无计可施，不免使人感到惆怅。然而，转念一想，那条红绸带经过三位特殊身份的历史老人之手，其意义、其价值恐怕已远远超过不知多少个"两块三"了，谁又能将它说得清呢？想到这里，我的心反而得到了一种意想不到的安慰。

（原文曾于2016年孙越崎生平事迹研讨会暨民革前辈纪念场馆联谊会第五次年会上交流，未刊。）

厚重的档案　真挚的乡情
——孙越崎档案征集纪实

许建青

逸闻轶事

2009年4月，江南的春天还留有一丝寒意，而对于绍兴县档案人来说，这个春天却格外让他们欣喜。一个偶然的机会获知的信息演绎了绍兴县档案局档案征集的春天故事。

祝安钧，绍兴县档案局局长，身材魁梧的他似乎与人们想象中温文尔雅的档案者形象并不相吻合，但黑框眼镜背后闪烁着的却是对档案征集工作敏锐的目光。偶然一次与同事们叙及乡贤伟人的谈话中，祝局长知悉了孙越崎先生的身后档案尚未全面系统地收集起来，更没有向社会展示开放，一股铁肩担道义的雄心壮志油然而生。

孙越崎先生，1893年出生于绍兴县平水镇同康村，是我国近代煤炭石油工业的奠基人。1931年，他带领技术人员在陕北打出中国第一口油井；1941年，又在甘肃的高寒戈壁建成我国第一座石油基地——玉门油矿；在1942年11月召开的中国工程师学会第十一届年会上，孙越崎被授予金质奖章。这是继凌鸿勋、侯德榜、茅以升之后的第4位金质奖章获得者。如果孙越崎先生的档案能够齐全完整地回到家乡，不仅能表达对这个世纪老人的深切缅怀和衷心告慰，也是绍兴这方热土人杰地灵、钟灵毓秀的自豪展现。但这些，毕竟只是美好的愿望，能否实现，一切都还是个未知数。

征程漫漫真情在　远涉千里第一步

　　为了能够更清楚地了解孙越崎先生的档案情况，我们带着素未谋面的冒昧，怀揣着一线希望与孙老先生的女儿孙叔涵教授取得了联系，令我们感到欣喜的是，她立即同意了我们的造访请求。

　　2009年4月15日，我们怀着激动而紧张的心情敲开了北京孙教授家的大门，站在我面前的是一位腰板直挺、身姿优雅的老人，全然没有耄耋之年的龙钟老态。"快请进，等你们好久了"，见到了家乡人后呈现的满脸微笑和这句亲切温和的话语，使我们紧张的心情顿然消失，乡情的温暖油然而生。在简要了解了家乡的经济发展情况之后，孙教授向我们讲述了孙老先生的档案现况：孙老先生过世后不久，在国家相关部门的重视下，经家人同意，原保存在国家煤炭工业部（现已撤销）孙越崎纪念馆的部分档案材料转由国家安全生产监督管理总局煤炭档案馆收藏；而另一部分原在捐赠计划内的档案材料，由于煤炭工业部的撤销，而被搁置下来，尚未经过系统整理，留在了她和弟弟家里。这件事一直让孙老先生的家人放心不下。

　　听了孙教授的心事，祝局长眼睛一亮：孙老是绍兴人民的骄子，有没有可能把孙老先生的档案资料从国家级档案馆转移到县级地方档案馆保管呢？这个大胆的设想要实施起来，难度是可想而知的。但祝局长有自己的想法，他恳请孙教授能与国家安全生产监督管理总局煤炭档案馆联系一下，帮着做些工作，努力使所有档案回到故乡档案馆；并承诺，一定把孙老档案抢救保护好，利用好，并宣传孙老的爱国思想，启迪莘莘学子报效国家，使之充分发挥出社会效益。祝局长言辞中表达出来的恳切之情深深地打动了孙教授，她表示愿意帮助联系，但脸上流露出了对于结果没有充分把握的无奈神情。虽然初访的结果依然使我们心头悬石，但值得欣慰的是，我们毕竟迈出了第一步。

功夫不负有心人　馆长含泪寄深情

从北京回来后，我们在翘盼与惦念中度过了漫长的三个月时间。在这三个月的时间里，不光我们心绪不宁，在北京的孙教授也度过了许多难眠之夜：绍兴县档案馆的收藏想法是否是一时冲动？他们的馆藏展览是否具备条件？国家安全生产监督管理总局煤炭档案馆是否同意有条件或无条件移交？怎么去说服国家安全生产监督管理总局煤炭档案馆领导？三个月时间不算长，却打扰了老人的宁静生活，增添了她的思想负担和奔波的劳累。三个月后的一天，我们终于收到了孙教授从北京传来的好消息：国家安全生产监督管理总局煤炭档案馆领导初步同意移交。

7月1日，我们在孙教授的引领下，与国家安全生产监督管理总局煤炭档案馆进行了正式的洽谈。因为有了孙教授的前期联系工作，洽谈非常顺利，煤炭档案馆副馆长郭德林同意办理移交手续。移交过程中，郭馆长和我们交流起孙老档案征集的一些尘封往事，说到动情之处更是有些言语哽咽，眼里饱含着泪水。从事档案工作三十多年的

他，几年前就在全国各地到处奔波，着手收集孙越崎先生的生平事迹档案，如今积累在煤炭档案馆的卷卷档案、件件物品都凝聚着他们多年的心血与汗水。但是为了使这些档案有更好的归宿，尽管心有不舍，他们反复思考后还是同意了由绍兴县档案馆来保存。这种对工作的敬业和对孙老档案的由衷珍爱之情，不由得让我们肃然起敬。我们郑重地向他们表示，绍兴县档案馆一定担负起档案抢救、保管利用的

孙孚凌

重任，让孙老的档案资料向社会开放，弘扬其爱国爱乡爱人民的高风亮节。

在北京期间，我们还拜访了绍兴乡贤、孙越崎科技教育基金会顾问、全国政协原副主席、孙老先生的侄子孙孚凌同志。他在仔细询问了县档案馆的保管条件后，对孙老档案能回归故乡档案馆保管表示放心。

千里护程返家归　青松抔土伴先贤

为了能够安全地运回孙老的全部档案，在祝局长的带领下，我们多方酝酿、精心筹划，落实了运输工具，制订了运输护送方案，于2009年11月第三次赶赴北京。当时北京实行交通管制，我们的封闭货运车只能停在城郊，许多档案只能靠"蚂蚁搬家"式分次分批租用面包车搬载出城。大家齐心协力，夜以继日，对每卷、每件档案都一一进行目录校对、装箱封存。其间我们得到了曾在绍兴县档案馆工作过的驻京办事处副主任陆群新、北京量子伟业公司副总仇伟健两位同志的帮助，使得在有限时间里安全高效地完成了艰巨的任务。

北京的11月已是寒气袭人，我局的王伟同志不辞劳顿专程一路押送。临行前，孙教授特地从家里拿出被子、巧克力和糕点赶来，并像母亲嘱咐儿子般地说："把被子和糕点带上，晚上睡在车上不要着凉。"这平凡的举动，就像一把火温暖了冬日里家乡亲人的心。

为了表达对孙老先生的敬佩与缅怀，在我们离开北京前，专程赴北京福田公墓祭奠孙越崎先生的英灵。当天北京下起了冬季的第一场大雪，洁白的雪花晶莹剔透，随风飘舞，我们踏着初雪，在一棵挺拔的青松边撒上了菊花，寄托哀思。没有墓碑，没有墓志铭，孙老先生的骨灰就融在了青松下的一抔抔泥土里，默默无闻地伴着青松而眠，与大地紧紧相依相融。

孙越崎先生的档案征集工作已宣告结束，我们在收获了档案顺利进馆的喜悦的同时，也深感肩上责任的重大。在今后的工作中，我们要加强对孙老档案的保护、利用和开发工作，继续弘扬孙老忠贞不渝的爱国思想、脚踏实地的敬业精神、清廉朴素的生活作风，让孙老的精神在故乡发扬光大。

（原载于《浙江档案》，2010年第7期。）

逸闻轶事

回忆与怀念

纪念孙越崎先生诞辰二百一十周年

爱国一生

何鲁丽

二〇二年九月

回忆孙越崎[*]

钱昌照

1924年我留学英国回国访问张作霖、张学良父子时，住在姜登选家里，一日拜望朱庆澜，认识孙越崎，曾谈到开矿的问题。

1933年，由人介绍，孙越崎参加国防设计委员会工作，在杨公兆主持的调查处调查煤矿，和他一起调查的还有郭象予。国防设计委员会改组为资源委员会后，在陕北延长创办了一个油矿，派孙主持。不久孙回到南京。英商中福公司在河南省经营煤矿，由于经营不善，濒临破产，求助

青年时代的钱昌照

于蒋介石。蒋派翁文灏为整理专员，赋予很大权力。翁派孙越崎负实际责任。

孙越崎在参加国防设计委员会之前早已认识翁文灏。孙在大学毕业后在东北穆棱煤矿为工程师，翁以地质调查所所长身份去该矿视察，对孙颇为赏识，因而委以重任。中福公司经孙整顿后，生产和营业蒸蒸日上，得到中外各方的好评，孙被任命为中福公司总经理，随孙一起工作的有张莘夫、汤子珍、张兹闿等。这批专家后来都在资源

* 该文为节选，标题为编者所加。

回忆与怀念

1941年翁文灏在资源委员会办公室工作时的照片

委员会所属企业任煤矿和石油公司总经理。

抗日战争开始后，孙在四川与地方工商界如卢作孚等合办天府、嘉阳等煤矿，一人兼任四家总经理，对解决后方煤炭需要做出贡献。不久资源委员会谋求解决后方军需民用的石油供应，派孙越崎、严爽、孙健初、霍宝树（代表中国银行）、恽震、翁文波等去甘肃玉门调查勘测，认为有开采价值，要他们拟订一个开发计划。他们拟出一个开发玉门油田的规划，初步需要500万美元（约合两亿法币）。经过许多周折，直到我在最高国防会议上力争才得以通过。从美国采购的采油设备，运经仰光时被日本飞机炸毁，又向英国交涉购买其在仰光炼油厂的现成设备，也没有买成。玉门油田只得自己白手起家，费尽心机，终于生产和提炼出中国首批石油。但由于炼油、储油装置落后，无法大规模开采，第一年仅生产数十万吨，以后逐年略有增产。后来又购买苏联在新疆开采的独山子油矿，统称之为甘肃油矿局。孙越崎始终任局长，其重要助手有郭可铨、金开英、严爽、邹明等。用现在国家的石油产量比较，当然微不足道，但是万事开头难，玉门油矿培养了大批骨干，成熟了数以千计的技术工人，铁人王进喜就是一例。

抗日战争快要结束时，翁文灏专任经济部长，不兼资源委员会主任委员，改由我担任，副主任委员一缺拟由包可永、恽震、孙越崎三人内挑一个。实际属意于包可永，但陈仪要包去台湾；恽震有才干，但在资委会电器系统中群众关系不好。因此我决定由孙越崎担任，因他与翁文灏的关系好。那时孙还在郁闷，仅遥领而已。1945年，资源委员会提到部级，直属行政院。我和孙的职务改为委员长和副委员长。

这年秋日本投降，对敌伪的工矿企业采取接收、处理和接管三个步骤进行，工矿企业的接收由经济部主管，派经济特派员到各大区接收。孙担任经济部东北特派员，去东北接收。工矿企业的处理由行政院设置敌伪产业处理局主持。我介绍孙见行政院院长宋子文，宋请孙以东北特派员兼任敌伪产业处理局局长。处理局设在北平，孙往来于关内外，颇具辛劳。1949年我离开资源委员会出国，由翁文灏回任委员长，翁想请吴蕴初或沈怡担任副委员长，但两人均不允就，我说还是孙越崎担任为妥。

1948年，我心意已倾向中国共产党，曾跟孙秘密谈过，他很同情我。我在去香港途中，曾与夏衍商定，请他回到上海后与孙越崎、吴兆洪两人联系，请他们照常工作，稳定人心。到一定时机，可以投奔光明时，所有负责人集中到一个矿山，等解放军部队一到就去欢迎。那时还没有商定具体办法，我的设想也不免天真，没有料到形势发展那么快。

1949年4月我秘密到上海，得知孙越崎已在上年10月召集了一个秘密会议，号召大家弃暗投明，这时已在秘密准备移交册子了。我很欣慰，在老同事的秘密欢迎会上我作了"风雨如晦　鸡鸣不已"的讲话，即匆匆离开上海去香港，约好了解放后再见。后来吴兆洪和季树农负责资委会本部移往上海的文件、资财、人员；陈中熙负责移交留在南京的资财、人员；李彭龄负责广州办事处。孙越崎在香港策动资委会驻港机构起义。整个资源委员会全部厂矿（台湾除外）和全体数十万职工有条不紊地交由人民接管。这是孙越崎冒着极大风险周密策划，带头干的。

新中国成立后，我先到北京，接

夏衍

到孙从香港来信，说希望能到京与我一道工作。以后孙得到中央同意来到北京，我介绍他与董必武见面。

（该文节选自《我所结识的几个显要人物》，见《钱昌照回忆录》，中国文史出版社1998年版。）

中共诤友，民革楷模
——纪念孙越崎同志逝世一周年（1996年）

贾亦斌

孙越崎同志逝世已近一年了。他的逝世使我深感中共失一诤友，民革失一楷模，国家失一终生不渝的爱国老人，至为悲痛。当即写了一副挽联（见《团结报》），以致哀悼。在向他的遗体告别时，更是泣不成声，难以自抑。犹感情长联短，言未尽意，特撰此文，以补不足。

孙越老的大名，我在抗战前就早有所闻。记得1934年春，国民政府国防设计委员会设立陕北油矿勘探处，由孙老任处长。孙老到达陕西延长后，把他在美国休斯敦学到的采油技

20世纪90年代的贾亦斌

术，充分使用，既当技师，又当工人，还要指挥。他同职工们一起泥里水里，用钻头一米一米往地下钻探。当钻到距地面52米多的时候，从井里喷出的水浮满了油花；待钻到112米深的时候，油花出得更多了。当我听到"中国人第一次打出了石油"时，就把"孙越崎"的名字牢记在我的心坎里。

1937年，抗日战争爆发后，孙越老为了支持长期抗战，力排众

147

议，置个人生死于度外，领导中福煤矿全体员工将焦作煤矿机器设备全部运到四川，有力地支持了大后方煤炭事业的发展。更使我感动的是，我当时所在的第1师由前线撤退，再赴潼关驻防，我请假送老母和弟弟由陕西去重庆居住。途经秦岭，由于日寇的封锁，缺乏汽油，飞机无法起飞，汽车改用木炭，军民运输均极困难。我送母亲赴渝乘坐的就是木炭汽车。以后不久得知孙越老在塞外戈壁滩上，领导创建了中国第一座石油城，这不仅有利于当时的抗战，而且为我国石油工业的发展打下了基础。所以我在挽联中赞颂他"开发能源，支援抗战"的功劳。

在新中国成立前后，我因工作关系，经常来住于上海与香港两地。听说资源委员会香港贸易事务所于1949年底宣布起义，并进一步得知是孙越老和中共香港地下党的领导下促成的。此前他积极动员资源委员会同仁护厂护矿，迎接解放，将所属厂矿企业人员和财产完整地移交给人民政府，为国民经济的恢复起到了积极的作用。这是我在挽联中赞颂的"保护厂矿，迎接解放"的另一个功绩。

我与孙越老真正相识并在一起工作，是在1979年以后，他和我先后分别由唐山和上海调到北京，并均被选任为民革中央副主席和全国政协常委。从此经常接触，耳濡目染，受到他的教益良多，最使我难忘的有以下几件事：

第一，积极协助党落实有关政策。孙越老与我到民革工作之初，正值"十年浩劫"结束不久，林彪、"四人帮"反革命集团制造的冤假错案亟待拨乱反正。孙越老知道原资源委员会人员在"文革"期间遭受很多不公正的待遇，为此，经常与我谈及此事，不胜愤慨，积极奔走，为这些人的昭雪到处呼吁，终于使资源委员会人员落实政策，但他对自己的委屈，却只字不提。

第二，为祖国经济建设呕心沥血。1983年孙越老已属90高龄，仍亲偕政协专家组赴内蒙古自治区视察位于伊克昭盟的东胜煤田。当他看到煤田附近众多的小煤窑严重影响大型煤矿的情况时，极为忧心，提出限制小煤窑，以利煤田的长远发展，保护资源的建议，受到有关部门的重视。我当时听到他90岁支边，甚为感奋，乃口占七绝一首，以壮其行色。诗云：

行年九十去支边，盛世奇闻响彻天。

塞外风寒多保重，早传捷报凯歌旋。

又当20世纪80年代，党中央、国务院提出兴建三峡工程时，孙越老担任全国政协三峡工程专题小组组长。为了深入了解情况，切实搞好这项惠及子孙后代的巨大工程，1985年孙越老亲自带领考察组赴重庆、万县、宜昌等地进行考察，历时38天，掌握了大量材料，撰写了多达3万字的调查报告，上报中央。此后，孙越老又在全国政协会议上和国务院听取对三峡工程的汇报时，两次向中央反映自己对兴建该项工程的看法。他这种为祖国建设呕心沥血的精神，闻知者无不为之感动。

第三，到处呼吁祖国和平统一。孙越老与中国台湾地区上层人士之间有着广泛、深厚的关系，为开展两岸交往，促进和平统一，到处奔走呼吁，并曾于1988年和1990年两次赴香港，通过电话隔海与在台湾的老朋友张群、陈立夫等人共叙友情，互致问候。在香港期间孙越老还出席了复旦大学校友世界联谊会，在会上孙越老向在台湾的友人发出呼吁："海峡两岸的隔离隔阂，是历史原因造成的。当务之急是要为民族的利益，尽快完成祖国统一大业，越快越好，这是我这个百岁老人最后一次对年轻人要说的恳切话……"此后，孙越老在北京还多次接待台湾来访的原国民党政要李国鼎、赵耀东、李达海等人，向他们宣称"和平统一，一国两制"的方针，希望在台湾的旧属，共同为实现祖国统一大业而努力。

第四，年老多病，时刻关注民革组织和成员。我与孙越老在民革同事十多年，他比我年长20岁，是民革领导层中年龄最大的，有时因病长期住院。但他对民革自身建设极为关怀。当他听到民革中央为了培养后备力量，举办中青年干部学习班时，表示由衷的高兴，认为这

149

个办法很好，能使民革后继有人。他听到社会风气不良，生怕民革党员受到沾染。当我去探望他时，孙越老殷切向我垂询民革组织生活和思想教育情况，并严肃指出要教育民革党员加强自律，开展批评与自我批评。此事虽已相隔有年，但他的谆谆训诲，言犹在耳。愿我们民革同志一起，学习孙越老热爱祖国和洁身自律的精神，加强民革自身建设，坚持和完善共产党领导的多党合作和政治协商制度，更好地发挥参政党的作用，为统一祖国、振兴中华贡献力量。这就是我对孙越老的纪念。

（原载《贾亦斌文集》，团结出版社2011年版。）

百年油田延长石油与百岁老人孙越崎先生

陕西延长石油（集团）有限责任公司

2015年，陕北延长县延河边，一群忙碌的身影沿着静静的河滩仔细探寻，忽然走在最前面的人群里躁动起来，"找到了，找到了，快来测一下坐标"。人们静静等待着测量结果，当地采油厂的一位师傅，手拿GPS和一叠图纸，经过仔细比对，肯定地告诉大家"是这里，没问题，坐标、相对位置、老照片周边地形都可以对上"，人群欢呼了起来。他们是延长石油集团相关单位和当地采油厂的技术人员，在寻找一口钻探于80多年前的老井井口——延101井。这口井是孙越崎先生1934年带领队伍在延长县所钻探的第一口油井，也是中国人自主钻探的第一口油井。井口十分简单，也略有破损，似乎在向人们讲述它所经历的战火纷飞，讲述孙越崎先生当年在陕北奋战的岁月，将人们的思绪一下子带回到了80多年前的陕北。

延长石油的标志是陕北"山丹丹花"的造型，六片红色的花瓣酷似油滴

百岁老人孙越崎先生是我国现代能源工业的创始人和奠基人之一，为我国煤炭、石油事业的开发建设以及人民革命解放事业作出了卓越的贡献，被尊称为"工矿泰斗"。与百岁老人孙先生一样，延长石油也是一个拥有110年历史的百年老油田，成立于1905年，1907年打成了中国陆上第一口油井，是中国陆上石油工业的发祥地，曾为中国革命和石油工业早期发展作出过重要贡献。资料记载，孙越崎先生从海外学成归

151

来之后，怀着一颗实业救国的热忱之心，投身到陕北进行石油勘探。在1933年至1935年，他组织领导的陕北油矿探勘处在延长打井4口，在永坪打井3口，发现了永坪油田，推翻了美国人认为陕北油层"没有开采价值"的断言，为"陆相生油理论"的提出奠定了基础，为我国石油工业的发展积累了宝贵的经验。同时，也与延长石油结下了不解之缘。

一、走进延长，跋山涉水、勘探找油

1929年9月，时年已经36岁的孙越崎先生，经过考试进入美国斯坦福大学读研究生，他明白石油对经济建设和国防建设都很重要，于是利用假期对洛杉矶、得克萨斯等地的油矿进行多次现场考察，开阔了视野，增长了见识，为日后回国开发陕北油矿和玉门油矿打下了重要基础。陕北油矿曾通过北洋政府与美孚公司合资，于1914年至1916年打过7口油井，只4口见到少量的石油。美孚公司由此判定，陕北一带的油层没有开采价值，予以放弃，一直没有人再去开发，陕北石油从此只有零星的开采，到1934年只剩一口油井，日产150公斤。美孚的失败，在于他们的工作不够细致，而他们对陕北油田的错误结论，却使我们这个石油古国长期戴上"贫油"的帽子。1932年，翁文灏曾派以后成为我国地质学大师的王竹泉、潘钟祥到陕北进行地质调查，发现了永坪和延长两个储油构造，是当时地质调查所掌握的我国最有希望的石油资源，因此也就成为翁文灏出任国防设计委员会秘书长后的第一个投资目标。壮志凌云的翁文灏寄希望于陕北石油，也寄希望于孙越崎。

孙越崎先生1932年回国后，翁文灏劝他到南京工作，"南京，我不去，那是当官的地方"，孙越崎听后答道。翁文灏又说道："不是让你去做官，而是让你为中国开采石油，做一番事业，一个国家没有石油，怎么立足于世界？怎么抗日？"孙越崎先生当然明白石油对国家的重要性，经过翁文灏劝说，担任在南京刚刚成立的国防设计委员会专员和矿室主任。1933年9月，他同严爽等人踏上了去陕北勘探石油的道路，做开发前的考察工作。当时陕北不通公路，孙越崎一行只能靠骑马、骑毛驴在荒山大壑中颠簸。黄土高原上千山万壑，举步维艰，望着无路可觅的山野，孙越崎先生深感在此处创办油矿的艰难，但他似乎听到了日军越过长城的铁蹄声，决心全力相搏将陕北石油采出奉献给国家，以灭敌焰。他撰文说："油渴如我国，复值此大战前夕，铁血油血相需殷切之时，苟其地有一线储油之希望，当应尽搜索试探之动能。"在时任陕西省主席邵力子的帮助下，他们在陕北高原上奔走800多公里开展地质调查，历时半个多月，发现每个县几乎都有油苗，有条件进行钻探，只是没有运输钻机的道路。踏勘结束之后，孙越崎便向邵力子汇报情况，要求整修好从延水关到延川县的道路，以方便钻探器械的运输，邵力子答应通知有关县政府照办。翁文灏得知勘探结果之后，下决心开始开发陕北的石油。

二、奋战延长，组建中国第一支钻井队，钻探第一口国人自主完成的油井

1934年春，"国防设计委员会"陕北油矿探勘处成立，孙越崎先生被任命为处长。接到任命，孙越崎随即率领两支油矿探勘队前往陕北，将探勘处本部设在延长县，两支探勘队分别安排在延长县和延川县。1934年4月，向上海订制和向国外购置的钻机、钻头等设备均已到齐，开始向陕北运送，孙越崎亲自押运。根据当时的交通条件，这些笨重的设备，只能用火车从上海运到石家庄，再转运到太原。从太原、汾阳到黄河边的宋家川，只能改用汽车，之后再趁黄河涨水，用木船将这些设备送到黄河对岸的延水关。到延水关上岸一看，才知道从这里到延川县的那条蜿蜒的羊肠小道，丝毫也没有整修，根本无法通汽车。如何让这100多吨的机器翻越绵延的岗壑？孙越崎不愧是越过崎岖之路的人，他之所以一生能够成就实业家的事业，就因为他有着一般旧知识分子所缺乏的应变困难的能力和智慧。孙越崎在慨叹之余，下决心化整为零，将这些机器拆开来用牲口驮，共雇用了当地266名农民，298头骡子，组织起一支浩浩荡荡的运输队伍。孙越崎先生身

153

先士卒，带领运输队伍在黄土高原上骡驮人扛，昼行夜宿，每日行程约4里，这短短的100多公里，竟然走了漫长的57天，才终于把这些设备送到目的地。

孙越崎立即组织人员以探勘处从平津招雇的技工为骨干，组建机厂，吸收延长石油工厂待工的钻井工人，以及搬器材中的少数要求留下来者，合成组织了一支100余人的钻井队伍，这是我国近代石油史首次形成的具有一定规模的石油钻井队伍，开始了我国自办的第一项探油、采油工程。

在这里，孙越崎在美国休士顿学习的采油技术，总算有了用武之地。他与职工们一起摸爬滚打，既当指挥、当教员，又当工人。好在两个钻探队的队长严爽、侯宝政与他亲密合作，一起埋头苦干。1934年至1935年，在孙越崎的指导下，陕北油矿探勘处共完钻7口探井，均获油气发现。其中所钻的第一口探井——101井（延15井）在100米深度见油，101米时，产量增加，钻到112米，出油更多，孙越崎随即决

中国陆上第一口油井，又称"延一井"，位于延长县石油希望小学操场内，遗址占地面积200平方米。有康世恩题词"中国陆上第一口油井"纪念碑和井上抽油设备一套

定停钻完井。孙越崎当时真是心花怒放，连忙安装油管采油。试采几天，日采量1.5吨，看着汩汩的原油，孙越崎高兴至极，站在木制的井架边照了一张相片，以资纪念。不久，2号、3号、4号井也涌出多少不等的油流。与此同时，探勘处在永坪钻井3口，201井井深104米，初日产量3吨，发现了永坪油田。孙越崎又指挥工人架起卧式锅炉，用蒸馏法炼出了柴油。

这是我们中国人在自己的土地上完全以自己的力量第一次打成了油井，炼出了柴油，并推翻了美国人认为"陕北油层没有开采价值"的断言，为孙越崎以后开发玉门油矿积累了丰富经验，培养和锻炼了人才，也对于陕北经济的发展起了重要作用。随后孙越崎用自己炼出的柴油启动柴油发电机，向北京的翁文灏发去了报捷的电报。

另外，孙越崎先生在陕北油矿的成功，也为后来"陆相生油理论"的提出奠定了基础。潘钟祥正是在对延长、延川的石油资源进行勘探之后，提出了著名的"陆相生油说"，震动中外。

三、心系延长，奉献中国石油工业早期发展

1934年底，孙越崎应翁文灏的邀请前往河南焦作担任中福两公司联合办事处总工程师，与翁文灏共同整理中英合办的焦作煤矿。这一时期，孙越崎仍然兼任陕北油田探勘处处长一职，用无线电遥控指挥陕北油矿的生产和管理。期间仍与邵力子电报联系，请示陕北油矿增添材料费用和油矿安全保障等问题。1935年10月，中央红军到达陕北，陕甘宁边区政府利用陕北油矿探勘处的设备成立了延长石油厂，即为延长石油集团的前身。随着延长石油的快速发展，2005年孙越崎女儿孙叔涵亲写书信，祝贺延长石油目前所取得成就，并寄予了殷切的期望。

在中国近代史上，全国投入开发的只有四个油田。它们分别是台湾苗栗、陕西延长、甘肃玉门和新疆独山子。台湾苗栗油矿长期受日本人统治，另当别论。而大陆的三个油矿都曾时间或长或短的在孙越崎的领导之下，孙越崎通过领导这些油田的开发和建设，为中国培养

了一批掌握现代技术的石油工人和技术干部，为中国人民的抗日战争和世界人民的反法西斯战争作出了特殊贡献。孙越崎当之无愧地成为近代中国石油工业的奠基人。

从孙越崎先生离开延长油田到现在已经有80多年时间了，经过这漫长的历史时期，延长石油集团已经发展成为石油、天然气、煤炭等多种资源一体化综合开发、深度转化、循环利用的大型能源化工企业，特别是原油产量在2007年顺利突破1000万吨以来，已连续10年稳产千万吨以上，取得了令人骄傲的成绩。截至2014年12月底，集团总资产达2735亿元，营业收入达2080亿元，世界500强最新排名第325位，成为陕西省乃至中国西北的龙头企业之一。延长石油人将永远感恩于孙越崎先生为延长石油早期发展作出的卓越贡献，时刻铭记孙越崎老先生与延长石油的世纪情缘。

（原文曾于2016年孙越崎生平事迹研讨会暨民革前辈纪念场馆联谊会第五次年会上交流，未刊。）

缅怀孙越崎对三峡工程的贡献

韩 玥

　　孙越崎先生是著名的爱国主义者、实业家和社会活动家，是中国共产党的诤友、民革中央名誉主席、中国和平统一促进会会长、全国政协常委、煤炭工业部顾问。孙越崎一生对中国现代化建设作出了多方面的贡献，其中十分突出的是他对三峡工程建设的贡献。

　　2013年7月9日《北京日报》发表的作者署名为萌娘的文章《著名水利工程学家称反对三峡工程者对其贡献最大》一文中，有人问：谁是对三峡工程贡献最大的人？著名水利工程学家潘家铮回答说："那些反对三峡工程的人对三峡工程的贡献最大。"从原国家计委经济研究所编的《论三峡工程的宏观决策》、水利部在12年前编辑的《三峡工程论证过程》等文献资料看，"反对者"提出的关于工程效益、环境、移民、文物古迹保护、防洪、地震、战争、投资、运行管理等九个方面的意见都是有科学性、实践性、前瞻性、建设性的意见，是国家进行科学决策的重要依据，对水利水电部门统筹规划、精心设计、合理施工、避免工程灾难、提高经济效益起到了极为重要的作用，如果不采纳这些"反对"意见，很可能导致严重后果。孙越崎就是提出反对意见的人之一。作为一个民主党派领导人，孙越崎提意见的方式体现了中国特色协商民主制度的特点和优势。

　　孙越崎领衔，与林华、胥光义、乔培新、陈明绍、罗西北、严星华、赵维纲、陆钦侃联合署名，在1989年第1期《地理环境研究》发表了题为《关于三峡工程论证的意见和建议》一文（此文随后又在多种报刊发表，包括《群言》1989年第4期、《民主》1990年第12期，这两次发表时均署孙越崎一人之名，可见联合署名时也主要体现的是孙越崎个人的观点。《群言》杂志在1988年第3、4、10、11期还发表了孙越崎的相关署名系列文章），文中提出的主要观点与当时领导层不完全一致。其中比较突出的有以下几点：三峡工程宜晚建而不宜早建。当时主流的观点则是"宜早不宜晚"。孙越崎主要是从科学上论证了三峡工程不宜早建的理由，提出三峡工程建设将面临一些难以解决的问题，如泥沙问题。文章认为在泥沙很多又通航的黄金水道上建设高坝大库，将壅高重庆洪水位，进一步增加四川的洪涝灾害。又如移民问题。文章认为，三峡工程175米方案推算到2008年动迁人口113万人，加上开始蓄水发电后20年淤积将增加约30万人，50年淤积将增加50多万人，总计移民数将达140万—160多万人，大量移民将是很大的社会问题，钱正英在1985年就曾说："移民是关键性的经济问题，甚至是政治问题。"

孙越崎认为，三峡高坝大库可能诱发地震，库区还有大量潜在的滑坡和崩塌体，水库蓄水后将促使滑塌加速，并可能与诱发地震相互触发，对水库和大坝的安全存在一定风险。而且三峡特大工程万一被破坏，将对下游的江汉平原、洞庭湖区和宜昌、沙市、武汉等一系列重要城市和广大居民造成毁灭性灾害。而且它是防洪、发电、航运的重要枢纽，牵动着国计民生的很大部分，在未来战争中将是一个重要的被攻击目标。不能不居安思危，防敌突袭。现代战争很多是用突然袭击来达到其战略目的的。

为此，孙越崎提出了替代方案，即长江的开发治理应当先支后干，认为长江一些大支流如雅砻江、岷江、大渡河、嘉陵江、乌江、沅水、湘水、汉江、赣江都是大河流，其年水量与黄河、淮河、海河相当或更大，因此应当先易后难，先支后干，以便及时满足各地区经济发展的需要，这既是各地区经济发展的主要出路，也是保护和改善生态环境的需要。

孙越崎尤其对论证组织方式不当、不利于科学民主提出了意见。

文章说：由原水电部领导组织的三峡工程领导小组成员11人，全部为原水电部正副部长、正副总工程师和长办、三峡开发总公司的领导人，他们都是一贯主张早上快上三峡工程的同志。在领导小组下属的14个专家组，其中10个组的组长是水电系统各部门负责人，其余4个组也有水电系统的同志任副组长。进行具体工作的14个工作组组长全系水电系统的同志，即以这次领导小组扩大会议出席者177人统计，其中103人为水电系统的同志，也占多数。这样的组织方式难免形成一家之言。尤其是，会上虽有不少不同意见，但总结时总以绝大多数的同意，原则通过论证报告，并且历次论证会，都是一面倒的三峡工程一切都好，三峡工程不可替代的发言，稍有不同意见，很快就抓住一点进行反驳，民主空气是很不够的。因此，我们认为到目前为止的论证，实质上是一个部门对其所属工程的论证，难以做到超脱的综合论证。为此，孙越崎建议：下一步讨论三峡工程可行性研究报告时，请综合部门如国家计委、国家科委或中国国际工程咨询公司组织，邀请更为广泛的各部门专家学者参加，贯彻真正的民主化科学化精神，充分吸取各种不同意见，集思广益，进行认真的研究论证。然后再把论证结果报国务院审查，送请中央和全国人大审议，以便作出明智的决策。

孙越崎对三峡工程论证提出不同意见，体现了中国特色协商民主制度的特点和优势。

第一，针对"宜早不宜晚"提出"宜晚不宜早"，没有直接否定，体现了协商讨论的态度。尤其是提出许多客观存在的问题，从科学的角度提出不宜早建的理由，具有很强的说服力。中国民主党派是参政党，而不是在野党，更不是反对党，这一点从孙越崎提出不同意见的态度上得到了充分体现。

第二，孙越崎不仅对宜早不宜晚的观点提出不同意见，而且提出替代方案，体现了建设性的协商态度。中国特色社会主义协商民主是建设性的协商，而不是为了反对而反对，这也是孙越崎参与三峡工程论证的一个特色。

第三，孙越崎在文章中既进行了科学论证，也引用了周恩来总理的观点，体现了中国国情特点。孙越崎文中说，在周恩来同志给毛主席关于葛洲坝的信中提出，修建三峡大坝，需视国际形势和国内防空炸的技术力量的增长，修高坝经验的积累等多种因素后再考虑何时兴建。在听取葛洲坝工程汇报时，周恩来同志也曾提出，高坝大库是我们子孙的事，二十一世纪的事。科学论证中注意结合领导的意见，这也是参与协商民主的实事求是的态度。

第四，孙越崎针对三峡工程的论证方式和程序提出不同意见，明确提出协商民主制度程序

关于加强社会主义协商民主建设的意见

人民出版社

社会主义协商民主是中国社会主义民主政治的特有形式和独特优势，是党的群众路线在政治领域的重要体现，是深化政治体制改革的重要内容。2015年中共中央印发《关于加强社会主义协商民主建设的意见》

建设的意见，对有关国家重点建设工程的协商民主制度建设起到了十分重要的作用。

孙越崎参与三峡工程论证的过程不仅充分体现了中国特色社会主义协商民主制度的特点和优越性，也体现了民革领导人参与政治生活、参与协商民主活动的能力。作为民革后人一定要学习继承孙越崎等老一辈民革领导人的政治智慧，为新时代中国特色社会主义协商民主发展作出贡献。

（原文曾于2016年在孙越崎生平事迹研讨会暨民革前辈纪念场馆联谊会第五次年会上交流，未刊。）

纪念祖父孙越崎[*]

孙元辉

孙越崎先生生前始终对自己的家乡有着难割难舍的眷恋之情。他自青年时代离开家乡外出求学和工作之后，就很少有机会再回到家乡。孙越崎一生在许多地方工作和生活过，他对这些地方也都很有感情，但无论哪里都完全无法和自己的故乡相比。绍兴、同康在他心目中始终占据着非常重要的地位，让他无时无刻不在心中挂念。晚年的他思乡之情更切，一心想着要回来看看那座山清水秀的小山村，却终未能成行。这成为了他一生中的一大憾事。

晚年孙越崎

孙越崎一生奋斗留下的宝贵财富概括起来就是"爱国、敬业、正直、清廉"。他是一位虔诚的爱国者，他酷爱中国历史、地理，有些烂熟于心。晚年时他曾说过："什么是爱国？爱国就是爱这片土地山水，爱这里的草木砖石，爱这里的历史文化，爱这里的百姓生灵，爱这里所有的一切！"他总结自己说："我一生只做了两件事，一件是迁，一件是不迁。抗战之初把中福煤矿设备器材和骨干人员迁到后

---

* 该文为节选，作者系孙越崎之孙，标题为编者所加。

方，没留给日本人；新中国成立前夕把资委会下属人员和设备不迁台湾，留给了人民。"当年蒋介石对孙越崎颇为器重，有提携之恩，孙越崎知恩图报，一心为国效力，但他并非"愚忠"，对他而言国家民族利益至高无上。后来他说："论私，我背叛了蒋介石；论公，我没背叛国家。"孙越崎晚年既为祖国经济快速发展而欣喜，也为社会贪腐问题而焦虑，同时为祖国统一问题和台湾前景担忧，病危昏睡时他口中仍在喃喃念叨着："国家……国家……"

孙越崎的敬业乃世人有目共睹。诸多公开出版物所载这方面内容很多，其一生成就已作充分证明，这里就不再赘述。

孙越崎为人爽直，从不装腔作态，也从不说假话；他脾气很大，但从未因私利发过火；他向无"粗口"陋习，亦不喜讥讽他人，但有时仍会使某些"对象人"不快；他极有胆魄，做事雷厉风行，专注、彻底；他知人善任，对属下要求严细，执行力超强；他也能"忍耐""等待"和"坚守"，有百折不挠的极高韧性。例如三峡工程论证期间，孙越崎虽已年逾九旬，却仍以极大的热情和精力投入专题调查研究，他亲身实地考察，与诸多专家学者广泛交流，分析得出独立判断，提出三峡工程具体替代方案。记得那时我每次去看望他，客厅桌上总是摊满了他用作研究的各类专用地图和技术文献资料，他如数家珍般地给我讲解长江流域的地理人文、地质地震、气象水文、生态环境、交通运输、水利电力等各方面情况的历史演变与现状。对重大历史事件和关键数据他都能记得一清二楚，他还列举一些国外的著名水坝与三峡工程进行比对。1985年孙越崎向全国政协和国务院提出三峡工程近期不宜上马的调研报告；1989年孙越崎和林华等13位委员在全国政协会议上联名发言，再次陈述了对三峡工程的不同意见和建议；1990年97岁的孙越崎在中南海由时任国务院总理李鹏主持的"三峡工程问题汇报会"上再次发言，并提交亲笔撰写的三万言意见书，继续坚持"三峡建坝弊大于利"之己见。

孙越崎一生廉洁、正派，人生透明，其品德不惧时间审验；"生平"对他的评价中有"一身正气，两袖清风"八个字。孙越崎回忆说，他父亲孙燕堂当年给官场人士"高级流氓"的蔑称对他的人生产生了重大影响。后来他虽官居高位，却始终未忘父亲教诲，他与自己的父亲一样，终生保持了爱国、敬业、正直、清廉的本色，并尽己所能为国为民多做实事。据我叔叔孙大武（孙越崎次子）回忆：1993年10月的一天，才过完100周岁生日不久的孙越崎忽然把在京子侄辈的十余位家人全部叫到家中，将他父亲燕堂公的像挂在墙上，令众人行礼鞠躬，纪念燕堂公诞辰120周年。之后他一边号啕痛哭，一边又说了很多怀念他父亲的话。一时间把他的子侄辈们全都给吓懵了，众人都从未见过孙越崎掉眼泪，更不用说是如此动情了。

我的父辈们曾多次提及，抗战时孙越崎身兼五个企业总经理职务，却坚持只拿一份工资。那时家居重庆，各矿同事往来重庆出差办事，常被他邀来家里吃饭。有时家中竟入不敷出，于是我奶奶不得不带着我年幼的姑姑和叔叔临时到街边去摆个地摊儿，出售家中旧衣物等补贴家用（幸亏那时还没有城管，谁都可以自由出摊儿，否则真说不定会被人把地摊儿给掀翻了呢）。孙越崎则始终只管埋头事业，从不过问家中生计之事，甚至连自己工资是多少也不清楚，我奶奶持家十分贤慧，从未因柴米油盐之事去烦扰过他。

孙越崎去世后，家人遵其遗嘱，将他和老伴的骨灰就撒在北京福田公墓一株雪松下，没有墓碑，也没有墓志铭，从此伴青松长眠，与大地相融。

孙越崎在唐山生活了24年，他与唐山的同事、属下和邻居都建立了良好的关系。尤其是在"文革"那段特殊的历史时期，唐山的邻居们给了他无私的帮助。当时二老已经七八十岁，居住在一间小平房，厕所、自来水全在院子里，一个煤炉抬出抬进，邻居们经常帮他们买煤买菜、抬炉子，送好吃的给他们……记得唐山大地震次日我去寻找他们，当时救灾部队尚未赶到，唐山的房屋几乎全部垮塌、街道早已面目全非，到处是建筑废墟、伤员和成堆来不及掩埋的震亡者尸体，整个城市断水、断电、断炊。我四处跟人打听，好不容易在一个用一根木棍和一片破苫布撑起的坐满老人和孩子的简易帐篷找到了他们二老，那破帐篷又矮又小，十余人坐着，腿和脚都只能伸在外面。我把随身带来的两个馒头递到奶奶手上，奶奶接过馒头，随即掰成了十几小块，分给帐篷中所有的人（也包括他们二老自己），每人一小块。爷爷告诉我，地震发生时他们二老都被埋在废墟里，是这些好心的邻居从废墟中爬出后，又把他们扒救出来的，邻居们搭起简易帐篷又优先安排他们二老进去遮风避雨（地震当晚下大暴雨）。那时二老都早已失去劳动能力，又是这些邻居们后来抬木料、扛油毡为他们搭建地震棚，从很远处抬水给他们用，还餐餐把饭送到他们面前。事后孙越崎被女儿接到北京，经医院检查才知道自己地震时被砸断了两根肋骨。孙越崎始终都十分珍惜与唐山人结下的这份深厚情谊。

被中国共产党称作"诤友"者稀有，被评价"为国家建立过历史性功勋"的党外人士难觅，孙越崎生平却集此两项称谓于其一身。

祖辈和父辈的言传身教已为我们树立了人生榜样，我们晚辈必继承和发扬民族与家族的优良文化传统，牢记并永久保持爱国、敬业、正直、清廉的本色，尽己所能为国为民多做实事。

（该文曾于2016年孙越崎生平事迹研讨会暨民革前辈纪念场馆联谊会第五次年会上交流，未刊。）

回忆慰问孙越崎老人

王玉楼

孙越崎是我国著名爱国人士和社会活动家，现代能源工业的创办人和奠基人。1994年春节前夕，我有幸与河北省委统战部的同志代表河北省政协、省委统战部赴京慰问孙越老。翌年12月9日，孙越老在北京逝世，享年102岁。回想起14年前的事情，孙越老的音容笑貌，他对祖国的伟大贡献、对河北的殷殷期望，仍历历在目，感念至深。

惊世贡献

孙越崎老人住在北京木樨地24号楼13层526号。这座现在看似寻常但当年却非同一般的"部长楼"里住着不少部长，但也有一些住户不是部长级的人物，如大名鼎鼎的孙越崎、梁漱溟等。

1994年春节前夕，当时任河北省政协办公厅副主任的我和河北省委统战部的张宗豪同志，按照省政协、省委统战部每年都要慰问著名爱国民主人士的传统，专程去北京慰问孙越老，当年他101岁。之前我们只是在电视或图片中见过他，没有机会目睹尊容，心想这把年纪，不定老成什么样子。见面后，我们惊异了：孙越老精神矍铄，耳聪目明，思维清晰，谈吐自如，一点儿也不像年逾期颐之人。他个子不高，皮肤白净，略有老年斑，嘴角的浅笑透出平稳和自信，虽身居高位，享有盛誉，却毫无骄矜之态；沉稳的步履蕴含着坎坷的经历和辉煌的业绩。

孙越老1893年10月出生在浙江省绍兴府会稽县一个殷实的耕读世

家。1919年5月，他以北洋大学学生会会长的身份，参与组织了天津学生联合会，被学校开除。后得蔡元培先生帮助，进入北京大学采矿系继续学习。1921年从北大毕业，获工科学士学位。

作为一位跨越世纪的老人，孙越崎从20世纪20年代中期创办煤矿开始，到中华人民共和国改革开放后担任煤炭部顾问，70多年来一直在为发展我国的煤炭工业呕心沥血，成为我国现代能源工业的创办人和奠基人。

1924年1月，他怀着"实业救国、强盛民族"的抱负，奔向黑龙江穆棱，奋斗了5年零8个月，到1929年，把穆棱建成黑龙江当时唯一的现代煤矿，年产量达30万吨以上。

1937年7月，日寇入侵，时任河南焦作中福煤矿公司总经理的孙越崎决定：将机器拆下来迁走！他冒着极大危险，做了大量的说服和发动工作，使机器全部拆迁。当日军长驱南下时，孙越崎已把7400多吨机器设备，连同1000多名员工和家属安全地撤往汉口。迁入后方的焦作矿工利用这些设备，在湖南谭家山边勘探边采煤，短短时间出煤4.2975万吨，有力地支持了全国的抗日战争。

1938年3月，孙越崎与四川天府煤矿董事长卢作孚商定，将中福的机器材料及技术管理人才迁往四川，相继开办了年产50万吨煤的天府煤矿和年产10万吨煤以上的其他3个煤矿，孙越崎兼任4个矿的总经理，为抗战后方的能源供应作出了巨大贡献。

1941年他出任甘肃油矿局总经理，领导开发出中国的第一个现代石油基地——甘肃玉门油矿，为前线、后方严重油荒的中国抗战提供了新的能源保证。他由此被人们誉为"煤油大王"。

1945年8月，孙越崎被国民党政府任命为资源委员会副委员长、委员长，经济部长，行政院政务委员等职。1948年10月，他利用国民党社会部在南京召开全国工业总会成立大会的机会，召开了一次秘密会议，将三四十名重要工矿企业负责人召集到资委会礼堂开会，叮嘱他们回去后做好弃暗投明的准备。凭他的洁身自好及其表率作用，获得了同仁的支持。这次秘密会后的第二个月，蒋介石突然召见他，命令他把南京的5个工厂拆迁到台湾去。孙越崎借故拖延，想尽办法拒迁。在蒋介石怀疑他被共产党左右，并令京沪杭警备总司令汤恩伯催促之时，他冒着杀身之祸的危险，仍然拒迁。后来国内形势迅速变化，蒋介石也顾不上过问迁厂之事了。

1949年11月，孙越崎组织了资委会香港贸易事务所员工起义。当时，资源委员会是国民党政府中经济实力最强的单位，是国民党政府中唯一全体留在祖国大陆的部级单位，拥有121个总公司和总机构，下辖生产单位上千个，职员3.28万人，其中40%以上是大学毕业的技术和管理人才，仅从国外留学回来的高级人才就有3000多人。这些机构、人员以及企业的设施、资金全部完整保存下来，成为新中国重工业建设的重要力量。蒋介石恼羞成怒，宣布开除孙越崎的国民党党籍，并下令以"叛党、叛国罪"通缉他，甚至在他离开香港时，还派出4艘军舰在海上拦截他，不料截错了船只，孙越崎幸免于难。

孙越崎为祖国革命和建设所作出的惊世贡献，中国共产党和人民不会忘记。在孙越老简朴明亮的会客室，挂着江泽民同志送给他的大幅合影彩色照片，照片上有江泽民的题字："孙越老百岁寿辰留念——1992年10月16日"，格外引人注目。邓颖超生前留下遗言，要为孙越老的百岁寿辰送一尊寿星。邓大姐逝世后，这尊寿星和那幅人们十分熟悉的周恩来坐像一直安放在孙越老的会客室里，默默地向孙越老祝福。

殷切希望

孙越崎曾任全国政协常委、民革中央副主席、煤炭部顾问，河北省人大常委会副主任、河北省政协副主席等职，对河北省有着深厚的感情。对于我们的来访和慰问，老人按捺不住激动的心情。当我们走进孙越老的寓所时，他正在和他的女婿给台湾、香港等地的亲朋好友写贺岁卡。听说我们是河北来的，孙越老急忙站起身，微笑着同我们一一握手。"春节到了，我们代表河北省政协、河北省委统战部向您拜年，祝您身体健康！"说着我们送上行唐红枣和藁城宫面，解释说

167

是河北的土特产，是河北人的心意，老人非常高兴。

孙越老与我们亲切地交谈起来。他说，河北省这几年干旱，焦裕禄有一大发明叫"沙地里种泡桐"。泡桐也叫桐树，好处很多：生长快，木材轻软，不翘不裂，叶子大，可以吸水分，还遮太阳，耐水湿耐腐蚀，是制造箱匣、乐器、锅盖、木屐的良材。河北可以试验一两个县，取得经验后推广。

话间，孙越老提及白洋淀和赵州大石桥。

驰名中外的白洋淀是华北平原最大的淡水湖，著名的旅游区。这里碧水连天，荷花满淀，有一望无边的芦苇荡，有绿树成荫的千里堤，景色秀丽，吸引着大批中外游客。安济桥，又名赵州大石桥，坐落在赵县城南洨河之上，建于隋代开皇年间（581—601年），由匠师李春监造，距今已有1400多年的历史了。

早年，孙越老就曾亲临这两地进行过考察，这次他又问起这两地的建设情况。他说："白洋淀旅游区要建设好。现在白洋淀有水了，多种芦苇，搞好深加工，人们吃饭要紧么！"他说，"赵州桥是古老的石拱桥，它以高超的科学艺术价值驰名中外，一定要保护好。拱桥下的污水一定要根治！"我们告诉孙越老，去年10月，副省长郭世昌率省直有关部门到赵县现场办公，确定了以保护古桥为主，兼治理旅游小环境的目标。治理方案现在已确定，在赵州桥上游打机井或上游提取清水注入桥下河道。工程总投资约650万元，1994年6月底以前完工。孙老闻之，欣慰地笑了。

我们握别时，孙越老叫女婿给河北省政协、河北省委统战部写了贺岁卡，并迈着沉稳的步伐走到桌前，亲笔在贺岁卡上写下"百岁孙越崎"几个苍劲有力的大字，还念给夫人王仪孟听。

在孙越老简朴的会客室里，写字台上堆放着许多书，他夫人说他每天还要读书看报写文章，身体比去年好。我们对孙越老说："您对河北的建议我们一定转达；您的功绩河北人民永志不忘。衷心祝愿孙老健康长寿！"

孙越老逝世后，1996年春节前夕，我与省委统战部的同志又一次赴北京孙宅慰问。客厅里，孙越老和夫人王仪孟的遗像挂在洁白的墙壁上，下面有许多鲜花簇拥着。孙越老长子孙竹生沉痛地对我们说："我父亲在去年12月9日，也就是在他度过102岁生日后不到两个月去世了。31天以后，伴他70年的我母亲也随他而去。"在大家对孙越老及其夫人痛惜和哀思中，我内心深感有幸前年与他和夫人见面、谈话，了解到他们许多动人的故事，可以传于后人。

孙越崎老人令人怀念，他对祖国的巨大贡献广为传颂，爱国主义精神在亿万人民中发扬。他对河北省的希望已变成了现实：沙地里种泡桐的经验在推广，木材得到更广泛的合理利用；白洋淀已成为中国国家AAAA级旅游景区，水域更广了，水质更清了，芦苇更密了，荷花更美了，中外游客更多了；全国第一批重点文物保护单位赵州桥的周边环境，已成为世界著名桥梁中难得一现的秀美景区。

愿孙越崎老人安息！

（原载《文史精华》，2008年第10期。）

附录

爱国敬业

风范永存

纪念孙越老

钱正英

二〇〇二年七月

孙越崎年表[*]

1893年

10月16日生于浙江省绍兴府会稽县稽东镇同康村（现属平江镇）。取名世棻。

1897年

母亲生弟毓麟，字英坡。月余后母亲病故，世棻改由祖母杨氏抚养，英坡送到外婆家的邻居吃奶。

1898年

祖父与村人合请私塾先生，遂读"四书"。是年，戊戌维新变法百日后失败。

1906年

欲进绍兴城读书，遭祖父拒绝，只得白天帮家里干农活，晚上偷油点灯自学《左传》《古文观止》和《资治通鉴》等书。

1908年

祖父犯病在自家的山上滚落，为路过村人所救。10月病故。父亲从黑龙江奔丧回家。

1909年

经父亲与叔父商量同意，并由叔父陪同，于春天到绍兴考入山会初级师范学堂简易科，取学名毓麒。初闹不少笑话，学习很吃力；第一学期每周作文两次，每次都是最后一名。暑假一个半月，苦读《东莱博议》。第二学期第一周作文，得了第一名。从此遂成班上佼佼者。

---

* 该年表由孙大武整理，原载于绍兴文史资料选辑第十五辑《爱国老人孙越崎》（1997年），本书收录时有删减。

1911年

辛亥革命发生，高兴万分，把辫子剪掉。

1912年

师范学堂毕业，义务教书一年。先在绍兴西郭门外小学，后转到初级师范学堂附近的小学任教。

年底由祖母和叔父做主，与葛采湘结婚。

1913年

离开绍兴至上海继续读书。考入复旦公学中学部，与国文教师邵力子结识，与俞大维、恽震、曾养甫、罗家伦等后来著名人士成为同学。葛采湘回娘家，开始上私塾和放脚。

1914年

长子孙竹生出生。

1915年

5月，袁世凯接受日本提出的"二十一条"。鉴于有亡国之忧和国家前途崎岖，遂改毓麒为越崎，取音同字不同之意，务使中国越崎岖而达康庄。

10月，参加中国东南地区学生演讲比赛，获第二名。被复旦公学浙江省同学推举为浙江同乡会会长。

1917年

报考清华留美预备学校未被录取，后于春天入北洋大学文科预科，父劝其改理科。经校长赵天麟同意，于下学期考试后转入理科预科。与陈立夫、陈果夫、曾养甫、张太雷等人成为同学。

生大女儿蔚我。

1919年

5月，以北洋大学学生会会长身份，与谌志笃、马骏、沙主培等人合组天津学生联合会，领导天津五四运动。

5月，组织北洋大学学生罢课。

6月，领导天津学生示威游行，与谌志笃、马骏、沙主培等同直隶省长曹锐斗争，声援北京学生的爱国行动。

9月，北洋大学学生反对校方白天上课、晚上补考，又进行了罢课。校长赵天麟辞职，曹锐另派冯熙运为校长。因不肯写悔过书，被开除。后经蔡元培同意，得教务长蒋梦麟办理，入北京大学采矿系继续学习。在北大学会骑马，为今后野外工作打下基础。

1921年
在开滦实习测量，了解煤矿生产。

暑假在北京大学毕业，获工科学士学位。因疑有肺病回绍兴休养。

1922年
妻葛采湘不幸病故。孙越崎悲痛欲绝，受沉重打击，精神萎靡。

1923年
在父亲劝告下，于秋天北上哈尔滨投奔父亲。在东北调查了抚顺和本溪煤矿、鞍山制铁所等，注意到日本人管理严格。

1924年
1月，受黑龙江督军朱庆澜委托，与俄方矿师卜鲁希年科去穆棱勘探中俄合资煤矿，任中方探矿队队长。

1925年
9月，被任命为穆棱煤矿中方首席矿务股长，兼机械及土木工程股股长，负责2号直井的开掘工作。开掘中，亲自经历了生产的各个环节，战胜特大流沙等困难。建设速度、产量与俄方卜鲁希年科负责的1号井不相上下。

1926年
8月，经人介绍与临川王仪孟结婚。

1927年
7月，翁文灏到穆棱考察，孙越崎亲自陪同，朝夕相处。翁对孙所为大为赞赏。翁建议写下《吉林穆棱煤矿纪实》。

1929年
年初，翁文灏推荐任河北井陉煤矿总工程师，因欲出国留学婉辞未就。

175

5月，女儿叔涵出生。

9月，至加州。因加州大学已开学，经韩文信指引入斯坦福大学研究生院学习。因不想教书搞研究和当官，故未申请学位。其间，边学习边考察美国西部石油矿和金矿。

1931年

9月，转入纽约哥伦比亚大学研究生院学习，同时参观美国东部的煤矿。其间，为长江大水募捐并戒烟。

1932年

春，结束美国留学生涯，后横渡大西洋到英法德参观矿业生产；秋，经苏联莫斯科回哈尔滨。因不愿做日本人统治下之亡国奴，仅在家居二十余日，即经大连转赴天津到北平。抵塘沽时，见到当时中国国旗放声大哭。

11月，经翁文灏介绍参加在南京刚刚成立的国防设计委员会（资源委员会前身），任专员兼矿室主任，职位相当于少将军衔。

1933年

7月，去津浦路沿线调查煤矿资源，归来后写成《津浦沿线煤矿调查报告》，经钱昌照送呈行政院副院长宋子文。宋子文读后召见了他，说写得好。

1934年

春，国防设计委员会与陕西省商定，成立陕北油矿勘探处，任处长。

4月，与严爽、张心田、董蔚翘等督运百余吨设备从上海出发，启运陕北。至9月，终将设备完整安全抵运陕北延长和延川永坪镇。

9月，翁文灏电邀商洽整理中外合资焦作中福煤矿事宜，赶赴焦作。经实地考察，力劝翁文灏出任整理专员。

11月，与翁文灏去焦作整理中福煤矿，任总工程师。翁不在时由孙全权负责。仍兼陕北油矿勘探处长。

1935年

1月，负责制订中福煤矿全年产销计划，提出全年生产、运输、销售原煤100万吨、盈利100万元的"四个一百万"的奋斗目标。

5月底，前往汉口、芜湖、南京、上海等地推销焦作无烟煤。

7月，三女儿毛毛因被医院错打预防针而亡。

10月，继任中福煤矿整理专员。

年底，完成年初"四个一百万"目标，使煤矿扭亏为盈。

1936年

7月，鉴于日本侵略野心日益暴露，组织中福职工军训。

冬，整理期满，应聘为中福煤矿公司总经理。

1937年

7月，抗日战争全面爆发。为了不使设备落到日军手里，力排中外股东异议，着手拆运中福公司的机器设备南下。

8月，小儿子孙大武出生。

1938年

3月，在武汉与卢作孚相遇，鉴于抗战用煤急需，二人当即商定开展合作。

5月，四川天府煤矿与河南中福煤矿合并成立"天府矿业股份有限公司"。

8月，武汉战事吃紧，前往宜昌催运拆迁设备入川。

由同学曾养甫介绍参加中国国民党。

1939年

除天府煤矿，利用中福迁川设备，相继创办了嘉阳、威远、石燕三个煤矿，兼任四矿总经理，有力地支持了抗战大后方的发展。

1940年

9月，与钱昌照等去玉门油矿视察，认为有大规模开采之价值和必要，受命制订开发的所需资金计划等。

1941年

3月，甘肃油矿局正式成立，任总经理。

4月，玉门油矿4号井井喷。

10月，玉门油矿8号井又发生强烈井喷。

12月，太平洋战争爆发后赶赴玉门，在进口设备来源断绝情况下，提出"自力更生、迎难而上"的口号，提出年产汽油180万加仑的奋斗目标。

1942年

7月，随翁文灏去新疆商谈乌苏独山子油矿中苏合办有关事宜。

8月，蒋介石亲赴油矿视察，对玉门油矿成就和孙越崎的业绩深表赞赏。

在兰州获中国工程师学会年会颁发的金质奖章。

11月，提前完成全年生产180万加仑汽油的目标。

1943年

1月，派骨干人才去美国学习。

1944年

7月，二进新疆接办独山子油矿。

1945年

9月，任国民政府经济部东北区特派员，主持接收东北地区原日伪工业企业并进行改造。因东北地区局面复杂，其设想的接收计划未能实现。

10月，兼任国民政府行政院河北平津敌伪产业处理局局长。

1946年

1月，去东北，同苏联谈判接收、合办东北工矿业事宜，据理力争。为接收东北工矿企业，频繁往返于华北、东北之间。

10月，将接收的全部厂矿企业移交给国民政府。

1947年

1月，辞去河北平津敌伪产业处理局局长一职。

5月，到南京任国民政府资源委员会副委员长。

7月，视察东北，眼见国民党军队士气低落、节节败退，共产党军队英勇顽强，深得人心，思想发生变化。

1948年

5月，任国民政府行政院兼资源委员会委员长。

10月，利用在南京召开全国工业企业联合会成立大会的机会，召集资委会所属重要工矿企业负责人会议，商定资委会全体员工起义，"坚守岗位、维护财产、迎接解放、办理移交"。

12月，蒋介石对孙越崎当面下令拆迁南京电照厂、南京有线电厂、南京电瓷厂、南京无线电厂、马鞍山机械厂五厂。与同事一起冒险拖延、拒迁。

1949年

3月，领导组织南京上海资委会人员留在大陆。

5月，辞职去香港，正式脱离国民政府，策动在香港的资源委员会国外贸易事务所起义。

11月，携家眷乘船北上，受到欢迎，被任命为中华人民共和国中央人民政府财经委员会计划局副局长。

1950年

3月，由邵力子介绍加入民革。

1951年

3月，参与制定我国第一部基本建设工作条例——《基本建设工作程序暂行办法》。

6月，在《人民日报》头版撰文《没有工程设计就不能施工》，明确提出"施工必先设计"的基本建设原则。

1952年

7月，计划局撤销，主动要求去煤矿工作，调任开滦煤矿总管理处任第三副主任。

1976年

7月，唐山大地震。孙越崎夫妇被埋废墟，被邻居救出，断肋骨三根，幸免于死。后回北京医治。

1979年

任河北省人大常委会副主任。

1980年

在政协五届三次会议上被选为全国政协常委，同时担任河北省政协副主席、民革中央常委。

1981年

任煤炭工业部（注：原国务院组成部门）顾问。

12月，民革五届二中全会增选为民革中央副主席。

1983年

担任政协第六届全国委员会常委，同时兼任政协经济建设组组长。

8月至9月，赴内蒙古等地考察煤矿。

1985年

5月至7月，以92岁高龄，率全国政协考察组考察三峡工程情况。

1986年

12月，出席水利部三峡工程论证领导小组第三次会议，作长篇发言，就三峡工程建设提出意见和建议。

1987年

11月，出席三峡工程论证会，作长篇书面发言，阐述观点。

1988年

3月，任全国政协常委会经济委员会第一副主任。

9月，任中国和平统一促进会第一届理事会会长。

10月，赴香港探亲，与台湾亲朋故旧见面或者通电话，为中国和平统一奔走。

11月，任民革中央监察委员会主席。

1989年

4月，出席翁文灏诞辰100周年座谈会并讲话。

1990年

3月，亲笔撰写、反复修改《关于长江流域综合治理和三峡工程问题》的文章，作为全国政协七届三次会议的书面发言，供三峡工程建设各方参考。

12月，赴香港出席复旦大学校友会世界联谊会。

1991年

10月，为进一步解决好原国民政府资源委员会一些人士的问题，给时任中共中央总书记江泽民写信。江泽民同志派人到孙越崎家中看望并了解情况。

1992年

3月，时任中共中央总书记江泽民在中南海邀请孙越崎到中南海面谈，共进晚餐。

9月，《孙越崎文选》由团结出版社出版。

10月，中共中央有关部门在北京召开原资委会部分代表座谈会。会议充分肯定当年资委会人员护产护矿起义是正义的爱国行动。

10月，民革中央、中国统配煤矿总公司、中国石油天然气总公司等多家单位在北京隆重举行了孙越崎百岁华诞祝寿会。同日，在朱学范、钱伟长等诸多知名人士倡议下，孙越崎科技教育基金成立。

12月，任民革第八届中央委员会名誉主席。

1993年

3月，以百岁高龄出席全国政协八届一次会议。

10月，出席中国石油大学建校40周年大会；出席欧美同学会成立80周年庆祝大会。

1994年

1月，出席全国政协新年茶话会。

1995年

12月9日，在北京逝世。享年103岁。

主要参考文献

1．孙越崎科技教育基金委员会编：《孙越崎传》，石油工业出版社2011年版。

2．孙越崎：《孙越崎文选》，团结出版社1992年版。

3．薛毅：《工矿泰斗孙越崎》，中国文史出版社1997年版。

4．吕德润主编：《长忆百龄翁——孙越崎纪念文集》，石油工业出版社1996年版。

5．绍兴县政协文史资料工作委员会编：《爱国老人孙越崎》（绍兴文史资料选辑第十五辑），1997年。

6．绍兴县地方志编纂委员会编：《绍兴县志》，中华书局1998年版。

后　记

　　"民革前辈纪念场馆系列丛书"之一的《孙越崎与绍兴纪念馆》与广大读者见面了。该书的出版得到民革中央领导、民革绍兴市委会、绍兴市柯桥区档案局（馆）、党内外热心民革党史的专家学者等各方的大力支持。

　　本书孙越崎传略部分，由民革党员洪忠良同志执笔。洪忠良同志是一名文史专家，长期致力于绍兴地区历史文化的发掘与研究，编纂过多本绍兴地区的文史资料，发表了许多关于绍兴地区人文历史的文章，向社会展示宣传了绍兴深厚的历史人文积淀。此次，他查阅了大量有关孙越崎的资料，对孙越崎的生平进行了细致地梳理，用简练生动、通俗易懂的方式讲述了孙越崎充满传奇色彩的人生，展现了孙越崎的高尚品格和爱国事迹，从一个侧面反映了中国新型政党制度具有历史的必然性、伟大的创造性、巨大的优越性和强大的生命力。

　　绍兴孙越崎纪念馆概说部分由陆菊仙、张炜娣、徐慧、舒毅等同志执笔完成。这几位同志都是绍兴地区的民革党员，热心于民革事业，对孙越崎这样的民革前辈充满崇敬。在本书写作中，他们发挥自己专业领域特长，仔细地考察了绍兴地区孙越崎故居的历史和现状，详细地介绍了绍兴市柯桥区档案馆内孙越崎纪念馆的建设和布展，简要地介绍了越崎中学内建设的孙越崎纪念馆的基本情况，可谓思虑周全，非常全面。读者借此可深入了解绍兴地区对孙越崎的纪念情况，更加深刻地感悟孙越崎等民革前辈的人格魅力和崇高的爱国精神。

　　逸闻轶事部分则是由一些关于孙越崎的轶事、孙越崎在某个领域的工作开展情况等数篇文章组成。回忆与怀念部分，主要由孙越崎本人的文章和他人对于孙越崎的回忆文章两部分构成。这些文章一部分自民革中央2016年主办的"孙越崎生平事迹研讨会"与会人员的会议交流发言，还有部分文章来自《孙越崎文选》《爱国老人孙越崎》等已经公开发表的出版物，编者经过挑选择优收录，希望能从多个方面、多个角度展现孙越崎为国家和人民不懈奋斗、追求真理、不断进步的一生。

本书图片大部分由作者提供，还有部分图片由编者从报刊、网络、出版物等各处收集而来。

正是有各方的大力支持，本书才得以顺利面世。谨在此向上述各位领导、专家和同志，致以衷心的感谢。

由于书稿需多方核查资料，力求史实无误，加上编者水平有限，本书不足之处在所难免，敬请批评指正。电子邮箱：suiyanhui01@126.com。

民革中央宣传部